Aplicação Prática de Gestão de Pessoas por Competências

Mapeamento, Treinamento, Seleção, Avaliação e Mensuração de Resultados de Treinamento

ROGERIO LEME

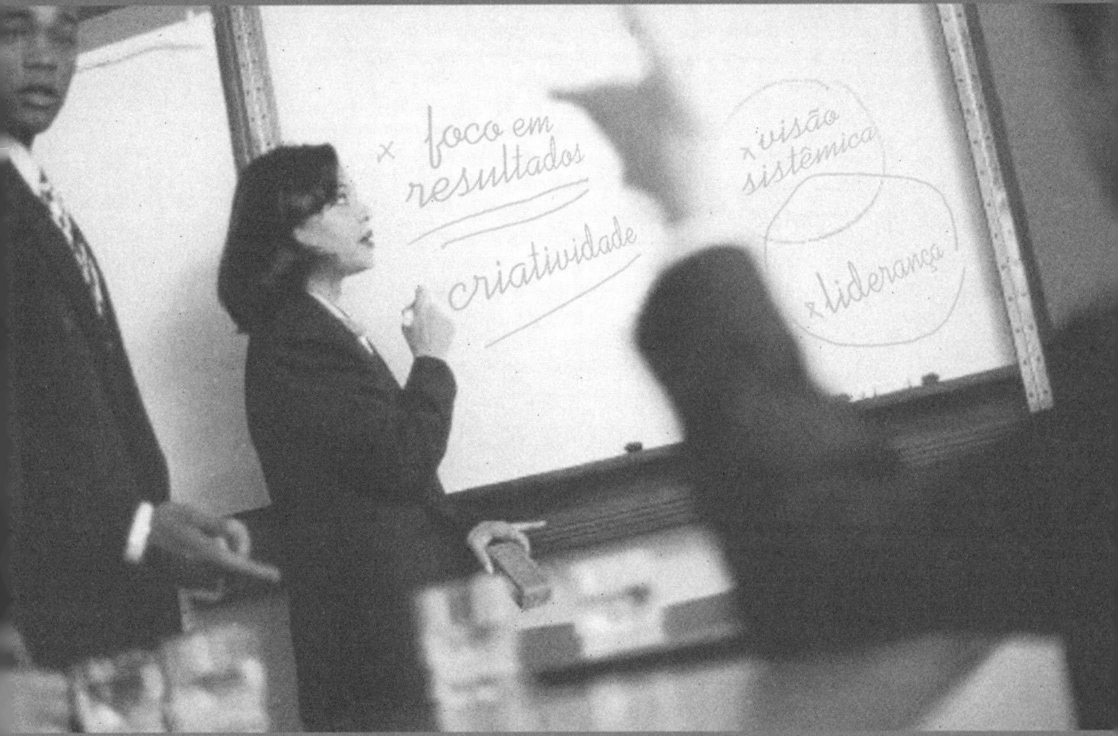

Aplicação Prática de Gestão de Pessoas por Competências

Mapeamento, Treinamento, Seleção, Avaliação e Mensuração de Resultados de Treinamento

2ª Edição
Revista e Ampliada

Copyright © 2015 by Rogerio Leme

Todos os direitos desta edição reservados à Qualitymark Editora Ltda.
É proibida a duplicação ou reprodução deste volume, ou parte do mesmo,
sob qualquer meio, sem autorização expressa da Editora.

Direção Editorial
SAIDUL RAHMAN MAHOMED
editor@qualitymark.com.br

Produção Editorial
EQUIPE QUALITYMARK

Capa
WILSON COTRIM

Editoração Eletrônica
EDEL

1ª Edição: 2005
1ª Reimpressão: 2006

2ª Edição: 2008
1ª Reimpressão: 2009
2ª Reimpressão: 2010
3ª Reimpressão: 2012
4ª Reimpressão: 2015

CIP-Brasil. Catalogação-na-fonte
Sindicato Nacional dos Editores de Livros, RJ

L569a

Leme, Rogerio
  Aplicação prática de gestão de pessoas por competências: mapeamento, treinamento, seleção, avaliação e mensuração de resultados de treinamento/ Rogerio Leme – Rio de Janeiro : Qualitymark Editora, 2015.
  224 p.

Anexos
Inclui bibliografia
ISBN 978-85-7303-750-0

1. Recursos Humanos 2. Administração de pessoal. I. Título.

07-2187

CDD: 616
CDU: 616-057(81)

2015
IMPRESSO NO BRASIL

Qualitymark Editora Ltda.
Rua Teixeira Júnior, 441
São Cristóvão - Fax: (21) 3295-9824
20921-405 – Rio de Janeiro – RJ

www.qualitymark.com.br
E-mail: quality@qualitymark.com.br
Tel: (21) 3295-9800
QualityPhone: 0800-0263311

Agradecimentos

Em primeiro lugar, agradeço a Deus por ter-me dado a oportunidade de desenvolver e apresentar este trabalho, além de todas as coisas que proporcionou em minha vida. Tenho a certeza de que sou privilegiado por isso.

Agradeço a toda minha família, em especial aos meus pais, à memória de meu pai Eniciel, que ao lançar a primeira edição deste livro estava presente comigo, mas que não tive o prazer de compartilhar de seu abraço quando este livro foi reimpresso agora nesta nova edição, e a minha mãe Eunice, pela educação e formação de meu caráter e tudo o que, juntamente com meu pai, fez por mim. Agradeço ainda aos meus sogros, Pedro e Hermelinda, que sempre me acolheram, fazendo da simplicidade de suas atitudes grandes referências e apoio de que precisei.

De forma muito especial e intensa à minha querida e amada esposa, Célia. Além de compartilhar uma vida comigo, tenho a satisfação e o orgulho de tê-la ao meu lado em minha vida profissional, uma oportunidade de ouro. Certamente, ela é a grande responsável por tudo que realizo e por tudo que farei, sempre ao seu lado.

Ao meu filho Eduardo, que no lançamento da primeira edição deste livro estava na barriga da mamãe e que agora inunda minha casa de muita alegria. Amo muito você e a mamãe.

Aos meus grandes amigos e colaboradores da AncoraRh. Em especial ao Elsimar, que há anos apostou em uma idéia e até hoje caminhamos juntos pesquisando e encontrando soluções criativas que somente se realizam graças ao seu talento profissional. A Maíra, menina de garra que admiro muito por sua qualidade profissional, ao sorriso de todos os momentos do amigo Marcelo, à perseverança do Robson, Jaqueline e da menina alegria Larissa, do pessoal de atendimento ao cliente, do desenvolvimento e da Consultoria. A todos, sem exceção, incluindo também aqueles que passaram pela AncoraRh e Leme, pois de alguma forma contribuíram para nosso aprendizado e crescimento.

Também ficam meus agradecimentos ao Willyans Coelho, diretor do Rh.com.br e à Patrícia Bispo, jornalista desse site, que sempre nos deram a oportunidade de expressar nossas experiências e vivências, e também a todos que contribuíram para a construção de minha trajetória profissional e deste livro.

Aos amigos com origem por ocasião da profissão, aos amigos de outrora, alguns afastados pelo fator do tempo ou por outros motivos, a todos, o meu muito obrigado!

Rogerio Leme

Sumário

Introdução, XIII

Capítulo 1 O que É Gestão por Competências?, 1
Por que o termo colaborador?, 5
Função ou cargo?, 5
Por que implantar Gestão por Competências – Norma ISO?, 6
Somente empresas com ISO ou outro programa de Qualidade precisam ter Gestão por Competências?, 8
A solução compatível com seu orçamento, 10

Capítulo 2 Mas o que São Competências?, 13
Competências Técnicas, 15
Competências Comportamentais, 15
Mas é possível medir ou mensurar comportamentos?, 16
Definição de Competência, 17
CHA × Competência Técnica × Competência Comportamental, 18
Atitude × Comportamento, 20
A dificuldade no método tradicional de mapeamento de Competências, 21

Capítulo 3 **Implantando Gestão por Competências, 25**
Etapas da implantação, 26

1. Sensibilizar, 27
2. Definir as Competências Organizacionais, 27
3. Definir as Competências de cada Função, 28
4. Identificar as Competências dos Colaboradores, 28
5. Desenvolver os Colaboradores, 29
6. Acompanhar a Evolução/Gestão por Competências, 29

   Perguntas sobre Gestão por Competências, 30

   Quantas devem ser as competências de uma empresa?, 30

   É possível implantar Gestão por Competências sem ter definido MVVE (Missão, Visão, Valores e Estratégia)?, 30

   É possível implantar Gestão por Competências sem ter a descrição atualizada das funções?, 31

   Podem ser utilizadas as competências de uma empresa do mesmo segmento para determinar as competências de minha empresa?, 31

   Dificuldades encontradas nas empresas para implantação de Gestão por Competências, 32

   Quanto tempo dura um Mapeamento de Competências?, 33

Capítulo 4 **O conceito dos Indicadores na Gestão por Competências, 35**
E o que isso tem a ver com competências?, 36

Por que utilizar indicadores, 37

Capítulo 5 **Metodologia do Inventário Comportamental para Mapeamento de Competências, 41**
Definição, 45

Características, 46

Aplicação, 46

Como construir o Inventário Comportamental, 48

Parte I – Identificando as Competências Comportamentais, 48

1. Eleger amostras da Rede de Relacionamento, 48
2. Coleta dos Indicadores, 51

   Detalhando a atividade, 52
3. Consolidação dos Indicadores, 60
4. Associação das Competências aos Indicadores, 62

   Lista de Competências, Definições e Exemplos de indicadores, 64

   Perguntas sobre o Mapeamento de Competências, 70

   Sugestão para agilizar etapas 3 e 4, 73

   Resultado: Competências Organizacionais definidas, 74
5. Validação, 74

   Um erro a ser evitado, 76

Parte II – Identificando as Competências de cada função, 77

Escala do nível de Competências, 81

Reforço, 82

Calculando, 82

Validação, 84

Curiosidade, 86

Importante, 86

A importância do papel da consultoria, 87

Capítulo 6 Avaliação com Foco em Competências Utilizando o Resultado do Inventário Comportamental, 89

Tipos de avaliação, 90

Mãos à obra, 92

Construção da avaliação com foco em Competências, 93

Indicador, 93

Pergunta, 93

Aplicação da avaliação, 95

Como apurar, 97

A fórmula matemática, 99

Na prática, 99

Um detalhe importante que influencia na confecção do formulário de avaliação e na análise do colaborador, 100

Passando as fórmulas a limpo, 103

NCCo = Nível de Competências do Colaborador em relação à Organização, 103

NCCf = Nível de Competências do Colaborador em relação à Função, 104

Qual utilizar, NCCo ou NNCf?, 104

Recurso da pergunta inversa, 106

NCC com mais de um avaliador, 107

Grupo de avaliadores e número de avaliações por grupo, 108

Vejamos na prática o cálculo do NCCo, 110

A importância dos múltiplos avaliadores, 110

Preparando os resultados, 112

Interpretação dos resultados, 112

Conclusão, 116

Reflita, 117

Capítulo 7 **Seleção por Competências: o Auxílio do Inventário Comportamental, 119**

Capítulo 8 **Mapeamento e Avaliação de Competências Técnicas, 123**

O que é e como identificar as Competências Técnicas de uma função de forma prática, 124

Como mapear Competência Técnica, 124

Passo a passo de um processo de mapeamento de Competências Técnicas, 124

Explicação dos níveis da escala técnica sugerida, 125

Avaliação das Competências de cada colaborador, 128

Outro modelo de mapeamento de Competências Técnicas, 131

Capítulo 9 Treinamento e Desenvolvimento com Foco em Competências, 133

Cálculo do ROI, 136

Gestão de métricas, 138

Níveis de avaliação de treinamento, 141

Capítulo 10 Case Biotech Brasil: A Metodologia é Fundamental, mas é apenas Coadjuvante em um Verdadeiro Processo de Gestão por Competências, 145

Sobre a Biotech Brasil, 146

Visão da Biotech Brasil, 146

Missão, 146

Valores, 147

Abrangência de atuação, 147

Diagnóstico da situação, 147

O Projeto RH 2007, 148

Identificação dos indicadores para a mensuração dos impactos com a implantação do Projeto RH 2007, 149

Indicadores de desempenho organizacional, 150

Indicadores de clima organizacional, 151

Indicadores das necessidades de treinamento dos colaboradores, 151

Evolução das Competências Técnicas, 156

Evolução das Competências Comportamentais, 157

Conclusão, 158

Agradecimentos, 161

Anexo I **Técnica para Destacar a Importância de um Indicador na Metodologia do Inventário Comportamental, 163**

Na prática, 164

A influência no NCF, NCCo e NCCf, 167

Anexo II **Gestão por Competências em Tempo Recorde.** ***Case Selling Out,*** **173**

Gestão por Competências em tempo recorde, 173

Matérias relacionadas disponíveis no site www.rh.com.br, 176

Anexo III **Cronograma de Implantação de Gestão por Competências através da Metodologia do Inventário Comportamental, 177**

Especificando, 179

1.1. Escolha da amostra da população que irá responder o Gosto/Não Gosto/O Ideal Seria, 179

1.2. Aplicação da atividade do Gosto/Não Gosto/O Ideal Seria, 179

1.3. Consolidação, 180

1.4. Validação, 180

2.1. Preparação do material para coleta da planilha de Mapeamento das Competências da Função, 181

2.2. Entrega das Planilhas de Mapeamento, 181

2.3. Apuração dos dados da Planilha de Mapeamento, 181

3.1. Preparação do material para Coleta da Avaliação, 182

3.2. Conscientização de Avaliadores e Avaliados, 182

3.3. Apuração dos dados, 182

4.1. Preparo dos Relatórios e dos Gráficos, 183

4.2. Elaboração do Relatório Conclusivo, 183

4.3. Apresentação da Conclusão e Entrega dos Relatórios, 183

Anexo IV   **O Inventário Técnico para Mapeamento de Competências, 187**

Anexo V   **Como Definir MVVE – Missão, Visão, Valores, Estratégia, 191**

Anexo VI **Um *Software* que Trata Competências na Prática, o GCA, 195**

Outros Livros do Autor, 197

Encerramento, 201

Bibliografia, 203

Introdução

A cada dia, mais empresas entendem que o tema Gestão por Competências deve ser trabalhado, e com urgência, nas organizações. Talvez esse seja o motivo pelo qual você esteja lendo ou procurando literatura sobre esse tema. E, observando isso nas empresas que visito e nas palestras que tenho feito, pude perceber o quanto os profissionais de RH, Administradores e Gestores de Pessoas são carentes de um manual ou de uma referência prática de como aplicar ou fazer Gestão de Pessoas com Foco em Competências.

Alguns assuntos específicos dentro deste tema, como, por exemplo, o Mapeamento de Competências, são monstros de não apenas sete cabeças, mas de umas vinte talvez, tamanha a complexidade pregada por algumas empresas e, principalmente, pela falta de literatura especializada.

Os livros desta área, em geral, tratam o assunto como uma verdadeira Caixa Preta, ou seja, não apresentam uma técnica prática de como fazer, mostrando apenas a teoria.

Da união dessas necessidades com a experiência que possuo em desenvolvimento de sistemas (softwares) para Recursos Humanos, das consultorias e dos treinamentos que realizo, preparei esse material que tem o objetivo de servir como guia para:

- Entender o que é Gestão por Competências.

- Mapear as Competências Organizacionais e de cada Função.
- Mensurar o Nível de Competências dos Colaboradores.
- Identificar o que treinar nos colaboradores e como treinar.
- Identificar as competências de um treinamento.
- Mensurar os resultados de treinamento.
- Apresentar um caminho para o ROI de treinamento – Retorno do Investimento.

Este guia serve tanto para empresas quanto para consultorias e foi escrito em uma linguagem simples, de fácil compreensão tanto por psicólogos, quanto por administradores ou gestores.

Uma boa leitura e reflexão sobre as técnicas aqui apresentadas e muito sucesso na implantação de Gestão por Competências.

Rogerio Leme
www.AncoraRh.com.br
www.lemeconsultoria.com.br
rogerio@ancorarh.com.br
rogerio@lemeconsultoria.com.br
Tel.: (11) 4401-1807

CAPÍTULO 1

O que É Gestão por Competências?

Muito se fala em Gestão por Competências, mas muitos ainda possuem dúvidas quanto ao que isso significa em essência.

Gestão por Competências é o processo de conduzir os colaboradores para atingirem as metas e os objetivos da organização através de suas competências técnicas e comportamentais.

Isso significa que não é possível ter um modelo de Gestão por Competências se a empresa não tiver clara e definida qual é a sua Visão, ou seja, onde ela pretende estar daqui a alguns anos. Se a empresa não souber disso, como ela conduzirá as pessoas ou para onde?

A Visão da Empresa, portanto, passa a ser uma das primícias da Gestão por Competências.

Gestão por Competências não é o processo do mapeamento das competências, mas sim o que você faz após essas competências estarem mapeadas.

Em primeira análise e com o objetivo de nivelar conceitos, podemos definir que Gestão por Competências é:

- identificar as competências de que uma função precisa;
- identificar as competências que o colaborador possui;
- fazer o cruzamento das informações apuradas nos passos anteriores identificando o *gap* de treinamento e traçando um plano de desenvolvimento específico para o colaborador.

Detalhando:

Em Gestão por Competências, o primeiro passo é saber quais os requisitos da função, que podem ser técnicos ou comportamentais (Figura 1). No Capítulo 2, entraremos em detalhes sobre o assunto.

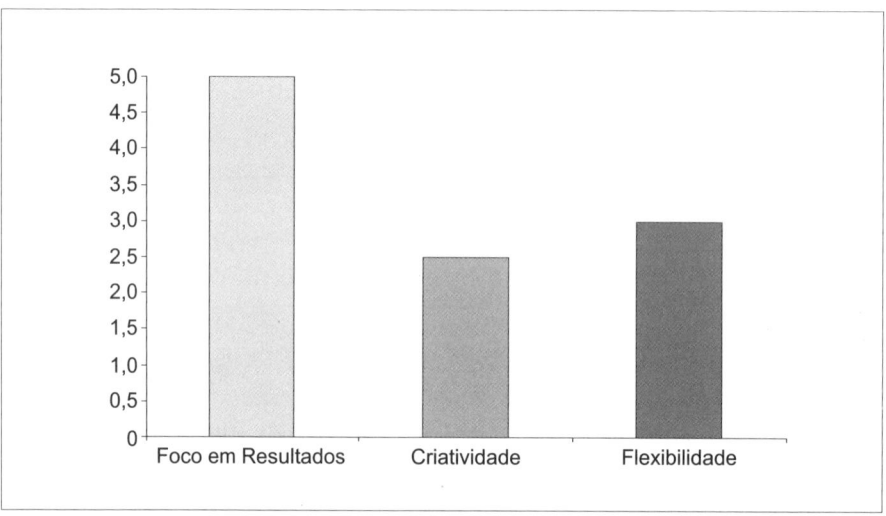

Figura 1 – Competências da Função X

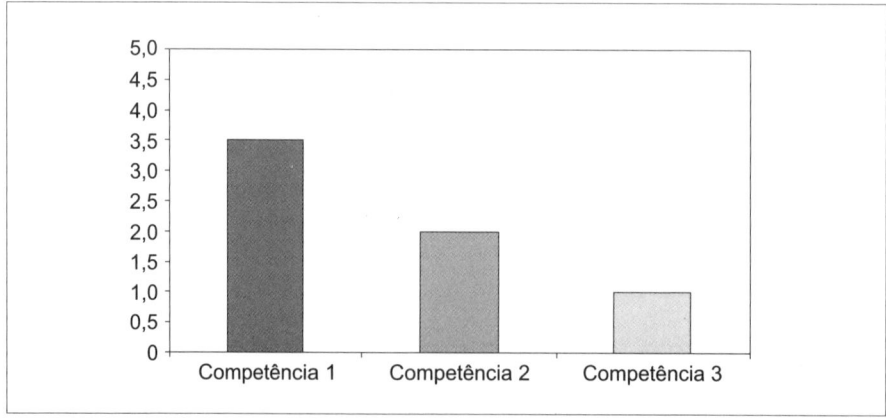

Figura 2 – Competências do Colaborador

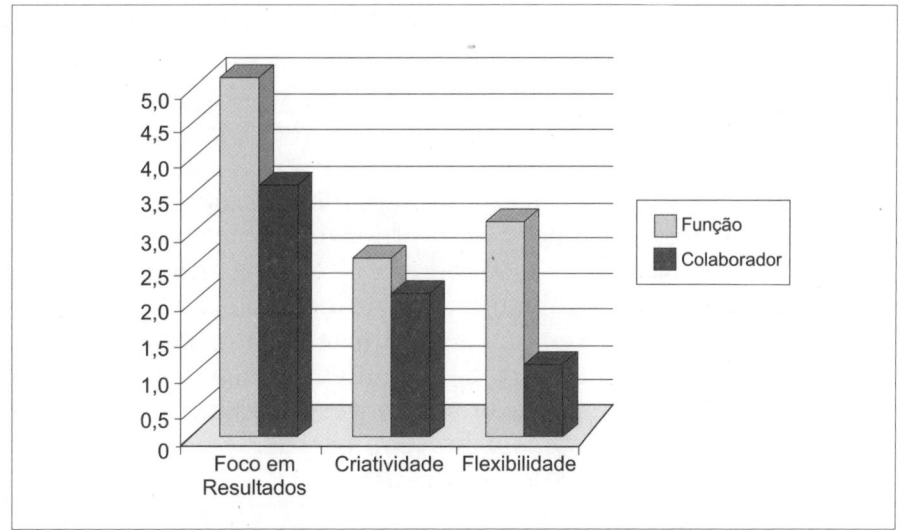

Figura 3 – Gap Função × Colaborador

Uma vez apurado o que precisamos para a função, o próximo passo é saber *o que* o colaborador que desempenha a função em questão tem a oferecer nessas competências. Leia-se esse "o que" como quais competências e quanto de cada uma delas o colaborador possui (Figura 2).

Agora que já sabemos do que a função necessita e o que o colaborador oferece, temos de colocar essas informações lado a lado. Assim, teremos a visão da comparação do Ideal × Real, ou seja, Função × Colaborador (Figura 3).

Analisando as competências uma a uma, veremos que geralmente as competências do colaborador não estão no mesmo nível das competências de que a função precisa. A esse espaço ou a essa distância existente entre os dois pontos chamamos *gap*. Portanto, ao analisar o gráfico de Gap de Função × Colaborador (Figura 3), podemos encontrar situações em que o colaborar está no nível de que a função precisa (não há *gap* neste caso), acima ou abaixo, sendo mais comum este último, abaixo da função. Para cada uma dessas situações, devem ser tomadas ações de forma a estimular e a desenvolver os colaboradores. Assim, de forma genérica, podemos dizer que:

a. Se o colaborador estiver abaixo do nível de que a função precisa

Qualquer uma das situações representa grandes desafios, mas certamente quando você identifica um colaborador abaixo do nível de competências de que a organização precisa talvez esse seja não o maior, mas o mais importante desafio para o profissional de treinamento e desenvolvimento. Isso porque é necessário traçar um plano de desenvolvimento para o colaborador atingir as competências exigidas pela função. Porém, esse plano de desenvolvimento será de forma específica, não mais genérica. É necessário buscar o desenvolvimento do colaborador, competência por competência, mensurando e acompanhando sua evolução.

b. Se o colaborador estiver acima do nível de que a função precisa

Já nesse caso é necessária uma atenção especial do gestor ou do RH, pois é um sinal de que o colaborador oferece mais do que a função precisa. Aqui deve entrar uma reflexão: não é hora de mudar o colaborador de função ou delegar outras funções e atividades para que ele se sinta desafiado, utilizando toda a energia e competências que possui? Precisamos reconhecer os esforços e o perfil dos colaboradores nessa situação e encontrar na organização onde extrair o melhor do potencial que eles podem oferecer. Isso traz vantagens não só para a organização, como também para os próprios colaboradores. Motivação, desafios e, principalmente, perspectivas de crescimento, tudo isso é muito importante. Se o profissional não se sentir em um ambiente como esse, pode ficar tentado a procurar desafios em outra organização.

c. Se o colaborador estiver no mesmo nível de que a função precisa

Esse caso é parecido com o anterior no aspecto da atenção e de o gestor apresentar novos desafios ao colaborador. No entanto, o principal destaque aqui é mostrar o horizonte para o profissional para que ele não se sinta acomodado e satisfeito por estar nesse nível.

O conjunto de todas essas ações e muito mais é o que podemos chamar de Gestão por Competências. Gestão por Competências faz com que haja foco na ação. Ela permite que você trace o desenvolvimento da organização através de seus colaboradores. Gestão por Competências é a ferramenta básica para aplicar a Gestão do Conhecimento, afinal as pessoas passam pelas empresas e o RH e os Gestores de Pessoas precisam saber onde estão os conhecimentos para serem aplicados na organização. Quantas empresas não precisam recorrer aos seus antigos colaboradores, já aposentados, para darem continuidade à empresa... Já parou para pensar nisso?

Por que o termo colaborador?

Existem algumas críticas ao termo colaborador, afinal não somos funcionários de uma empresa? Quando me questionam sobre isso, costumo brincar: "Funcionário é folha de pagamento. Treinamento e desenvolvimento são colaboradores." O colaborador é o indivíduo que está de corpo e alma na empresa, é aquele que desenvolve seu trabalho e não apenas trabalha. O colaborador se preocupa com o crescimento da empresa, ao passo que o funcionário se preocupa se no dia x seu pagamento estará depositado na conta bancária. Não que o colaborador também não se preocupe com isso ou não precise disso, mas o colaborador contribui para que o dinheiro esteja lá, fazendo o melhor, sendo empreendedor dentro da empresa onde trabalha. Na realidade, fisicamente, o colaborador e o funcionário são a mesma pessoa, mas não em espírito e, quando trabalhamos Gestão por Competências, precisamos trabalhar não apenas as competências técnicas, mas também as comportamentais. Costumo dizer que se aprendem as competências técnicas, já as comportamentais se desenvolvem, e esse é o motivo da utilização do termo colaborador. Mas não use esse termo como um modismo, use-o em sua essência: certamente, você verá a enorme diferença que isso faz.

Função ou cargo?

Outra questão comum de ser levantada é a utilização dos termos função ou cargo. Mais uma vez, recorro ao exemplo de folha de pagamento e afirmo: "Cargo é na folha de pagamento, é o registro em carteira. Em desenvolvimento e gestão de pessoas, é função". Vejamos o porquê recorrendo à área hospitalar.

Em um hospital, temos os enfermeiros. Em suas carteiras de trabalho, encontra-se o registro "Técnico de Enfermagem". Porém, o perfil de um Técnico de Enfermagem da UTI é totalmente diferente do Técnico de Enfermagem da Pediatria, do Pronto-Socorro e da Geriatria. Essas são as funções.

É muito comum nas empresas alguns termos para distinguir faixa de salário, como I, II, III ou experiência Pleno, Júnior ou Sênior. Mas em Gestão por Competências, devemos utilizar a função como referência, pois essa é a realidade das empresas: "Somos o que executamos e não o que está na carteira de trabalho ou em um simples termo de contrato".

Por que implantar Gestão por Competências – Norma ISO?

Um bom motivo para implantar Gestão por Competências são as exigências da Norma ISO que, a partir da atualização da versão 2000, iniciou a especificação desse processo, trazendo alguns requisitos e exigências, como:

- determinar as competências necessárias;
- fornecer treinamento ou tomar outras ações;
- avaliar a eficácia das ações executadas;
- manter registros de educação, treinamento, habilidade e experiência.

Também descreve ser necessário considerar no planejamento:

- sucessão de gerentes e da força de trabalho;
- avaliação da competência individual;
- estágio de desenvolvimento das pessoas;
- habilidades de liderança e gestão;
- trabalho em equipe;
- habilidades de comunicação.

E, finalizando, ter um Plano de Treinamento que inclua:

- avaliação do aumento de competência das pessoas;
- medição da eficácia e da influência na organização.

Veja quantos sinalizadores temos apenas nesses poucos itens. Claro que as próximas atualizações serão muito mais objetivas e tratarão de detalhes, mas apenas com esses fragmentos extraídos do texto original da Norma podemos observar que Competências é um caminho sem volta. Vamos analisar essas questões.

- ***Determinar as competências necessárias.***

    A norma não foi específica descrevendo o que é competência, mas como primeiro passo foi muito importante. O ponto negativo é que muitas empresas estão tratando e até misturando Competências Técnicas com Competências Comportamentais, mas elas são totalmente distintas, conforme será apresentado no Capítulo 2.

- ***Fornecer treinamento ou tomar outras ações.***
- ***Manter registros de educação, treinamento, habilidade e experiência.***
- ***Avaliação do aumento de competência das pessoas.***
- ***Medição da eficácia e influência na organização.***

    Esses itens dão força para o RH, pois agora mais do que nunca é necessário treinar, manter registro, documentar. Não basta bater uma foto da situação como fazem muitas empresas. O mercado é dinâmico, as estratégias mudam, o perfil muda; logo, é necessário acompanhar a evolução, mensurar resultados, fazer realmente gestão de pessoas, não como uma burocrática rotina (porém necessária) de departamento pessoal, mas sim de Desenvolvimento de Pessoas, como um RH positivo e estratégico.

- ***Avaliar a eficácia das ações executadas.***

    Temos que mensurar, medir, analisar, apurar os resultados. Isso significa que não basta apenas treinar.

- **Sucessão de gerentes e da força de trabalho.**
  Como identificar talentos para sucessão e trabalhos especiais se não tivermos um banco de talentos e potencialidades?
- **Avaliação da competência individual.**
- **Estágio de desenvolvimento das pessoas.**
  Esses dois itens expressam a necessidade de um acompanhamento de cada colaborador em suas competências.
- **Habilidades de liderança e gestão.**
- **Trabalho em equipe.**
- **Habilidades de comunicação.**
  Esses são explícitos nos quesitos a serem mensurados. Fica a reflexão: como treinar e avaliar essas competências pelo sistema tradicional que não seja com foco em competências?

A grande conclusão a que podemos chegar é que os sistemas tradicionais de gestão de pessoas, treinamentos, avaliação, seleção e remuneração já não servem mais. Estamos na "Era das Competências", portanto precisamos identificar isso em nossos colaboradores e candidatos, que são os futuros colaboradores. Ou seja, é preciso implantar nas empresas:

- *Gestão de Pessoas com foco em Competências.*
- *Treinamento com foco em Competências.*
- *Avaliação com foco em Competências.*
- *Seleção por Competências.*
- *Remuneração por Competências.*

Somente empresas com ISO ou outro programa de Qualidade precisam ter Gestão por Competências?

Qualquer empresa precisa da Gestão por Competências. É fato que não são todas as empresas que possuem a ISO, mas a que não tiver a qualidade que a ISO ou qualquer outro programa de qualidade determina estará fora do mercado. Vale, mesmo, o objetivo de propor para as empresas questões estratégicas de gestão e qualidade.

Gestão por Competências é uma ferramenta que veio para auxiliar as empresas a enxergarem o que ela precisa buscar e treinar em seus colaboradores. Faça a seguinte reflexão: "Será que você está 100% satisfeito com os comportamentos dos colaboradores de sua empresa?" Não?! Então, você precisa de Gestão por Competências. Veja o porquê, não importando o tamanho dela.

A Figura 4 demonstra o surgimento de uma empresa.

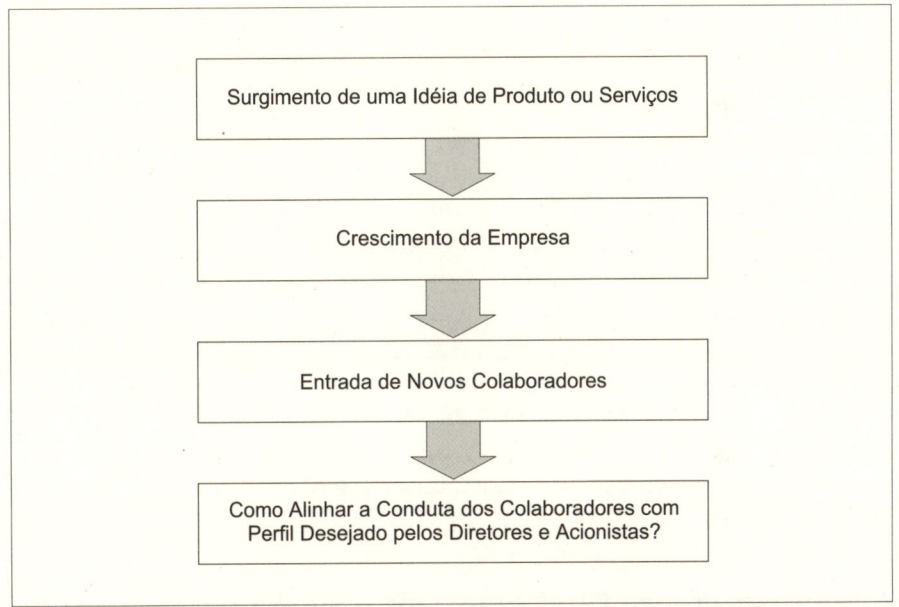

Figura 4 – Surgimento de uma Empresa

Sem querer filosofar, toda empresa nasce de uma idéia. Assim, seus idealizadores (diretores/acionistas) imaginam criar produtos ou serviços de uma determinada forma.

O negócio vai desenvolvendo-se e chega um determinado momento em que os seus idealizadores não conseguem mais executar os serviços/produtos sozinhos. É hora, então, de novas pessoas fazerem parte da empresa. Só que pessoas são diferentes (ainda bem). A questão é como garantir a qualidade que seus idealizadores desejam implementar em sua idéia original? Como garantir que as pessoas tenham os Conhecimentos, as Habilidades, as Atitudes e os Comportamentos alinhados com o princípio de que a empresa precisa para alcançar os objetivos desejados pelos seus idealizadores?

Isso é Gestão por Competências: Saber os Conhecimentos, as Habilidades, as Atitudes ou os Comportamentos que a empresa precisa ter em seus colaboradores para que todos, de forma orientada e organizada, possam alcançar os objetivos traçados.

Isso não é nenhuma novidade, afinal estamos falando em alcançar objetivos! Mas a questão aqui não é discutir apenas que o Colaborador Fulano precisa conhecer a técnica XYZ, mas, sim, discutir o Comportamento que Fulano deve ter.

Ora, se o resultado da Gestão por Competências é proporcionar para a empresa Maior Produtividade, Assertividade, Ambientes Participativo e Motivacional, Comprometimento dos Colaboradores, tornar as Gerências e Equipes mais fortalecidas, ter Foco em Resultados, ter mais Competitividade e um Diferencial de Mercado, qual é a empresa que não quer ter ou não precisa de tudo isso? Qual empresa nega que seu maior capital é o Capital Humano? Gestão por Competências veio para valorizar o Capital Humano das empresas, que são os seus colaboradores. Afinal, a maior montadora de automóveis do mundo seria apenas um monte de ferramentas que iriam virar sucata se não fossem seus colaboradores.

A solução compatível com seu orçamento

A essa altura, posso imaginar alguns comentários de empresas Médias e Grandes, como: "Estamos em um momento difícil e está sendo cortada verba de tudo... A empresa não tem dinheiro para implantar um processo desse...".

E das pequenas e microempresas: "Isso é complicado... Aliás, isso é coisa só para grandes empresas... Estou cansado de ver soluções somente para grandes empresas e nós, pequenas e médias, ficamos a ver navios... Além do mais, nem imagino por onde começar."

Portanto, gostaria de afirmar que "implantar Gestão por Competências é trabalhoso **SIM**, mas ser trabalhoso NÃO SIGNIFICA SER CARO, e VOCÊ pode fazer isso em sua empresa... Esse é o propósito deste livro: apresentar uma Metodologia para implantar a Gestão por Competências de forma técnica e financeiramente acessível para sua empresa."

CAPÍTULO 2

Mas o que São Competências?

Procure dois colegas de trabalho e faça uma experiência. Coloque uma venda nos olhos de um deles. Já de olhos vendados, entregue-lhe um papel em branco, um lápis e uma borracha. Para o segundo colega, dê um desenho relativamente simples, com traços simples, como, por exemplo, um barco, uma casa, uma pessoa, uma paisagem etc. Procure, no entanto, colocar algum detalhe no desenho original, como uma onda tocando o barco, uma flor próxima à casa, assim por diante.

Peça para o segundo colega orientar o primeiro a fazer o desenho, seguindo algumas regras básicas. Quem está orientando não pode fazer o desenho, não pode tocar no colega de olhos vendados e também não pode falar o que é o desenho. Ele terá que dar instruções como: faça uma reta de aproximadamente 5 cm no centro da folha... de onde terminar a reta faça uma no sentido...

Determine um tempo, dois minutos, por exemplo, para eles tentarem fazer essa tarefa. Seu papel é simplesmente observar. Após esse tempo, mostre o resultado aos colegas e discutam o que aconteceu, os sentimentos que tiveram, os comportamentos, as reações.

Dentre várias outras conclusões a que vocês chegarão, poderão ser mencionadas: faltou preparo; houve insegurança, resistência, agressividade, nervosismo; faltou tempo para montar uma estratégia de como fazer etc.

Vamos agora fazer uma analogia dessa experiência com um trecho do primeiro Capítulo deste livro – o terceiro parágrafo do subtítulo "Somente empresas com ISO ou outro programa de Qualidade precisam ter Gestão por Competências?". Na atividade, temos três pessoas envolvidas:

- você, que conduziu a atividade, no papel do "Diretor/Acionista" que idealizou um produto ou serviço. Em nosso exemplo, o "produto" era fazer com que o próprio cliente fizesse um determinado desenho;
- seu primeiro colega, no papel de "Colaborador", aquele que explicou para o outro colega que estava de olhos vendados;
- seu segundo colega, o que estava de olhos vendados, no papel de "Cliente".

Você idealizou um produto e pediu para seu colaborador orientar o cliente como preparar/entregar/construir seu produto. Porém, como o colaborador não foi devidamente treinado, certamente, o objetivo de o cliente fazer o desenho não foi alcançado.

Da lista discutida no final da atividade, onde você, junto com seus colegas, refletiu sobre a atividade, poderemos extrair indicadores que podem ser classificados em duas categorias: Técnica e Comportamental.

Técnica

- Faltou preparo.
- Faltou conhecer o produto.
- Faltou técnica para passar a informação.

Comportamental

- Faltou paciência.
- Houve insegurança.
- Houve resistência.
- Houve agressividade.

Assim como essa experiência, as competências são divididas em dois grupos:

- **_Competências Técnicas._**
- **_Competências Comportamentais._**

Competências Técnicas

É tudo o que o profissional precisa saber para desempenhar sua função, por exemplo, idiomas, sistemas de computação, ferramentas etc. É tudo aquilo de que o profissional precisa para ser um especialista tecnicamente. Competências Técnicas podem ser procuradas como palavras-chave nos currículos dos candidatos e depois averiguadas em entrevistas e testes práticos.

Competências Comportamentais

É tudo que o profissional precisa demonstrar como seu diferencial competitivo e tem impacto em seus resultados, por exemplo, criatividade, flexibilidade, foco em resultados e no cliente, organização, planejamento, liderança e tantas outras.

Em Gestão por Competências, temos que gerenciar tanto as competências técnicas quanto as comportamentais. As competências técnicas são muito mais comuns ao mercado, pois há muito tempo fazem parte da cultura das empresas na hora da avaliação. Certamente, já fizemos alguns comentários do tipo: "Fulano é fera nesse assunto, hein?!".

Este livro não tem o objetivo de tratar as competências técnicas, mas sim as comportamentais, porém, no Anexo IV, damos algumas sugestões para auxiliar na identificação das competências técnicas.

O grande desafio da área de Recursos Humanos é a parte comportamental: identificar e mensurar comportamentos. Afinal, diferente das competências técnicas, não conseguimos identificar em um currículo de um candidato, por exemplo, se ele tem empatia, criatividade, relacionamento interpessoal, liderança, flexibilidade etc. Isso tudo deve ser extraído através de técnicas especiais, cada uma com uma finalidade específica: para a seleção, o treinamento, a avaliação. Essas técnicas serão apresentadas nos próximos capítulos.

Mas é possível medir ou mensurar comportamentos?

Segundo a definição de comportamento pelo Dicionário Aurélio, no campo da psicologia:

*Comportamento é o conjunto das reações que
se podem observar num indivíduo,
estando este em seu ambiente e em dadas circunstâncias.*

Ao refletir sobre essa definição e comparar com o exercício de descrição da figura proposto acima, podemos concluir que:

*Comportamento não é exatamente o que fazemos, mas,
sim, o que os outros observam das reações que temos em
um ambiente (organizacional) e em dadas circunstâncias
(na execução de nossas tarefas, responsabilidades, ao
gerenciar uma equipe, solucionar um conflito, ao nos
depararmos com um problema etc.).*

Ora, se o comportamento pode ser observado, então conseguimos, no mínimo, classificá-lo como sendo adequado ou não, ou ainda se pode ser melhorado ou não, e, nesse caso, em que pode ser melhorado ou ainda o quanto. Por conseqüência, como o comportamento produz alterações no ambiente, então podemos dizer que é possível, sim, mensurar comportamentos, afinal podemos ver essas mudanças.

Todos nós sabemos da importância do comportamento no relacionamento com os demais colaboradores, assim como sua influência no desempenho das atividades profissionais. Ensinar a técnica que uma organização precisa para ter um bom desempenho é possível, mas para comportamento o desafio é bem maior. Comportamento é um hábito que deve ser criado ou inserido nas pessoas. Isso leva tempo. Não mudamos da noite para o dia, não há mágicas. Há, sim, desenvolvimento, empenho, dedicação, persistência. E não dissemos que o colaborador é o maior capital de uma empresa? Por isso, devemos levar muito a sério a Gestão por Competências e dar especial atenção para as Competências Comportamentais.

Definição de Competência

Existem várias definições de Competência que trazem palavras diferentes, porém todas com sua essência em comum. Vejamos alguns exemplos.

Maria Rita Gramigna, traz a definição de Cláudia Domingos:

É um conjunto de Conhecimentos, Habilidades e Atitudes, que afetam a maior parte do trabalho de uma pessoa, e que se relacionam com seu desempenho no trabalho.

Scott B. Parry traz a definição de competências que eu mais admiro, como sendo:

Um agrupamento de conhecimentos, habilidades e atitudes correlacionadas, que afeta parte considerável da atividade de alguém, que se relaciona com seu desempenho, que pode ser medido segundo padrões preestabelecidos, e que pode ser melhorado por meio de treinamento e desenvolvimento.

Já Fleury tem a seguinte definição:

Competência é um saber agir responsável e reconhecido, que implica mobilizar, integrar, transferir conhecimentos, recursos, habilidades que agreguem valor econômico à organização e valor social ao indivíduo.

Como mencionei, são definições diferentes, mas a essência é a mesma. Eleger uma delas?! Não...elas se completam. Pelas descrições acima, podemos extrair o que chamamos de "Pilares das Competências", que são as três famosas letrinhas que formam o **CHA**:

Conhecimento

Habilidade

Atitude

O *Conhecimento* é o saber, é o que aprendemos nas escolas, nas universidades, nos livros, no trabalho, na escola da vida. Sabemos de muitas coisas, mas não utilizamos tudo o que sabemos.

A *Habilidade* é o saber fazer, é tudo o que utilizamos dos nossos conhecimentos no dia-a-dia.

Já a *Atitude* é o que nos leva a exercitar nossa habilidade de um determinado conhecimento, pois ela é o querer fazer.

CHA × Competência Técnica × Competência Comportamental

Com as definições acima, podemos visualizar que o "Saber" e o "Saber Fazer" são as Competências Técnicas, ao passo que o "Querer Fazer" é a Competência Comportamental (Tabela 1).

Tabela 1 – Desdobramento do CHA

Conhecimento	Saber	Competência Técnica
Habilidade	Saber Fazer	
Atitude	Querer Fazer	Competência Comportamental

Esse desdobramento do **CHA** é muito rico, pois nos dá uma noção da dimensão do significado Competência em cada um de seus pilares e, ao mesmo tempo, da integração de ambos. Vejamos um exemplo a seguir:

De que adianta um engenheiro que passou grande parte de sua vida nos bancos de uma faculdade se ele não for a campo praticar e exercitar todo seu conhecimento? Temos um Conhecimento sem Habilidade, pois faltou Atitude para atingir esse objetivo. O **C** sem o **HA** não é Competência.

Mas se esse mesmo engenheiro estiver trabalhando em um setor de pesquisa de uma empresa, mas não tiver persistência, criatividade e tantas outras características para trazer novidades, descobrir novos processos ou caminhos, ele não terá Competência, pois o **CH** sem o **A** não é Competência.

Muitas empresas fazem seus processos de avaliação de desempenho baseados no **CH** e deixam de lado o **A** da Competência. Isso leva a uma avaliação incompleta e errônea, afinal um profissional pode ser excelente tecnicamente e péssimo no relacionamento interpessoal. Conseqüentemente, os resultados, tanto dele quanto de sua equipe, serão afetados (releia a definição de Scott B. Parry – *...que afeta parte considerável da atividade de alguém, que se relaciona com seu desempenho...*).

Por isso, a grande necessidade de se trabalharem as competências comportamentais. Na prática, é muito difícil tirar uma pessoa de um estágio indesejado de uma determinada competência, por exemplo iniciativa, e conduzi-la para o nível de que a função precisa. É um trabalho árduo, pois estamos mexendo com princípios, crenças, hábitos, vícios e com a cultura da pessoa. Isso leva algum tempo. O quanto antes esse trabalho for iniciado, mais rápido será concluído. Em Competências Técnicas, o processo é mais fácil, já que é a transmissão de conhecimentos. Com uma estrutura preparada, esses conhecimentos podem ser praticados. Claro que fazer o treinamento técnico também leva tempo e tem seus espinhos, da mesma forma que o treinamento comportamental. Mas o Comportamental é mais árduo, porém não é impossível de ser desenvolvido. Novamente, um trecho da definição de competências de Scott B. Parry: *...e que pode ser melhorado por meio de treinamento e desenvolvimento...*

Ainda cabe uma referência a alguns consultores que fazem um trabalho de Gestão por Competências que acrescentam outros pilares na definição de competências além do **CHA**, como, por exemplo, o **CHAC**, onde o segundo **C** é de **Comportamento** ou o **CHACM** onde o **M** é **Motivação**. Essas definições não são muito comuns no mercado de maneira geral, porém é possível encontrá-las. Particularmente, penso que isso não importa muito, afinal, em Gestão por Competências, o que conta mesmo é saber do que a empresa precisa (Competências Organizacionais) e identificar quais competências o colaborador possui para que o *gap* possa ser treinado e desenvolvido.

Agora que temos alinhados os conceitos de competências, tanto das Técnicas quanto das Comportamentais, veremos no próximo capítulo as etapas necessárias para implantar Gestão por Competências.

Atitude × Comportamento

Na essência, ao fazer gestão por competências, temos uma tendência a fazer a gestão dos comportamentos e não das atitudes. Comportamento não é Atitude. São coisas diferentes. Para facilitar a compreensão, podemos dizer que o comportamento é a "materialização" da atitude.

Veja um exemplo que meu amigo Willyans Coelho – diretor do Rh.com.br – e eu tivemos em um de nossos encontros em Recife.

Considere um piso com uma poça d'água em um local de passagem de muitas pessoas. Um funcionário da limpeza vê e tem as seguintes reações:

a) finge que não viu ou que não é com ele, ignorando a situação;

b) vê e providencia a limpeza, pois se o seu chefe passar e vir irá chamar sua atenção;

c) vê e providencia a limpeza, pois sabe de sua responsabilidade e se preocupa com a segurança das pessoas, afinal, se a água ficar naquele local alguém poderá machucar-se.

Na essência, tivemos dois comportamentos: aquele que providenciou a limpeza e aquele que não providenciou. Mas a atitude dos exemplos b e c são totalmente diferentes, pois o primeiro fez a limpeza preocupado com a bronca que receberia do chefe e o segundo preocupado com a segurança das pessoas. Esse "motivo" na realidade é a Atitude que foi expressa com o mesmo comportamento.

Para as empresas, de forma superficial, ou melhor, em um primeiro momento, Gestão por Competências foca o comportamento (providenciar a limpeza do chão). Mas é necessário se aprofundar mais. O que precisamos é a mudança da Atitude (providenciar a limpeza para que as pessoas não se machuquem). Isso é muito mais complexo e é o papel do verdadeiro líder.

É comum e correto, portanto, afirmar que, em um processo de implantação de Gestão por Competências, haja o foco no comportamento, pois esse é a "materialização" desejada pela empresa.

Serão sábias as empresas que perceberem e se aprofundarem na insistência da explicação do porquê daquele comportamento, auxiliando no desenvolvimento das Atitudes das pessoas.

As Atitudes têm origem nos Valores pessoais e são materializadas através dos Comportamentos observáveis.

Valores
↓
Atitudes
↓
Comportamentos

A dificuldade no método tradicional de mapeamento de Competências

Com grande freqüência, sou consultado por profissionais de RH que sentem dificuldade em fazer o mapeamento das competências seguindo o modelo convencional de mapeamento.

Não poderia omitir o registro dessa dificuldade e esclarecer de vez o caminho a ser seguido.

O primeiro problema é a separação que as pessoas tentam fazer do CHA. Não que isso seja impossível, porém essa separação, além de burocrática, não leva a nada, a não ser à falta de entendimento, à dificuldade e ao abandono.

Mapear Competências separando o Conhecimento, da Habilidade e da Atitude levará a um exaustivo trabalho que não contribuirá para o processo, além de promover uma miscelânea com as tarefas.

Para visualizar o problema na prática, irei retratar um trecho de uma recente consulta que tive de um profissional sobre o tema. Tomei a liberdade de fazer algumas alterações para proteger a identidade da empresa e deste profissional. Sua sugestão foi:

Conhecimentos
- 2º Grau Completo.
- Um ano como Operador de Equipamento de Embalagem.
- Treinamento Operacional da área.
- Integração.
- ISO 9001:2000.
- 5 S's.
- Equipamento de Peneira.
- Equipamento de Moagem.
- Balança Eletrônica modelo XYZ.
- Procedimentos de Limpeza.

Habilidades
- Fazer inspeção nas peneiras vibratórias.
- Saber operar os equipamentos para alimentação de reservatório de moagem.
- Saber efetuar aferição da balança eletrônica com peso padrão.
- Saber fazer limpeza e higienização dos equipamentos de envasamento.

Atitudes
- Atenção concentrada.
- Atenção aos detalhes.
- Organização.
- Higiene.
- Persistência.
- Determinação.

Veja como esse processo é confuso por vários motivos:

- escolaridade, tempo de experiência **não são competências**, eles são requisitos da função ou requisitos de acesso;

- a função em questão é operacional, por isso essa pessoa não precisa conhecer ISO 9000:2000, mas deve cumprir os procedimentos registrados no programa de qualidade. Essa exigência conduz o processo seletivo ao caminho de que se o candidato não conhecer a ISO ele estará fora do processo. É o que discutimos sobre manter o foco na função no capítulo anterior;

- note que na descrição das habilidades temos o que seria quase a descrição da função. A habilidade está constituída por frases que contêm verbos (operar, inspecionar, aferir, limpar);

- há uma repetição no conhecimento e na habilidade de questões sobre equipamentos;

- quanto às atitudes, o que é persistência para essa função? E determinação, atenção aos detalhes ou higiene? Subjetivo demais, não é?

Justamente para facilitar e sistematizar o processo de mapeamento de competências que surgiu o Inventário Comportamental, que estudaremos nos próximos capítulos.

Por ora, fica uma proposta de quebra deste paradigma: para uma aplicação prática, focada em resultados e, principalmente, possível de ser realizada e mantida nas empresas atuais, não faça separadamente o mapeamento dos conhecimentos, habilidades e atitudes. Utilize o conjunto **CH** como Competências Técnicas e o **A** como Competências Comportamentais.

CAPÍTULO 3

Implantando Gestão por Competências

Implantar Gestão por Competências é um processo que necessita do envolvimento de toda a empresa. É um projeto que precisa ser compartilhado por todos os colaboradores, partindo da direção da empresa.

Algumas empresas implantam Gestão por Competências em apenas algumas funções, geralmente do nível de gerência para cima, ou às vezes em apenas um setor da empresa, como o de marketing ou de vendas. Estaríamos cometendo uma injustiça se afirmarmos que esse é um processo errado ou que não vale a pena, mas é fato que é um processo incompleto. Afinal, apenas um fragmento do corpo da organização foi envolvido se considerarmos toda a essência da grande e poderosa ferramenta que é Gestão por Competências.

Mas a implantação de Gestão por Competências em apenas parte da empresa ainda é a grande realidade no mercado. São vários os motivos que levam a isso e podemos resumi-los em: "falta de preparo dos profissionais diretamente ligados no projeto e profissionais afins", ou seja, daqueles que auxiliam com produtos e serviços complementares para a execução do projeto. Como o objetivo agora é apresentar como implantar, citaremos essas dificuldades no final deste capítulo.

Vamos iniciar fazendo uma afirmação e para muitos quebrando um "pré-conceito":

É possível, sim, implantar Gestão por Competências em toda a Organização e em todas as suas funções, até mesmo as mais simples, independente de tamanho ou do número de colaboradores e, ainda, com recursos financeiros acessíveis.

Implantar Gestão por Competências em todos os níveis de funções em uma empresa não é "dar pérola aos porcos" como diz o ditado, muito pelo contrário. De que adianta uma excelente idéia se ela não for executada ou, ainda, se não for bem executada? Muitas vezes, é a visão daquela singela pessoa que está lá na linha de montagem que pode retratar a realidade e a possibilidade de melhorar um produto ou ainda de expressar uma situação de relacionamento não adequada e que pode ser melhorada. Isso é "ver também com olhos dela", que é parte do corpo da empresa, o que significa flexibilidade, foco para o cliente, foco em resultados e outras competências. É a oportunidade de ela expressar sua criatividade, iniciativa, proatividade. E quanto custa isso? Nada, a não ser ouvi-la. Quantos de nós já ouvimos a expressão de alguns executivos: "Quando não sabemos o que fazer, devemos ouvir a *peãozada*." É a realidade. É o operador de telemarketing que está com o cliente lá no telefone, não é o gerente ou o diretor da empresa. Gestão por Competências deve ser um processo participativo onde todos devem colaborar. É por isso que deve ser levado a todas as funções da empresa. Os Capítulos 5 e 6 trazem duas metodologias que permitem esse envolvimento e mostram o passo a passo de como mapear as competências. Mas até lá temos muito trabalho. Agora, vamos apresentar uma visão geral das etapas para implantar Gestão por Competências.

Etapas da implantação
1. Sensibilizar.
2. Definir as Competências Organizacionais.
3. Definir as Competências de cada Função.
4. Identificar as Competências dos Colaboradores.
5. Desenvolver os Colaboradores.
6. Acompanhar Evolução/Gestão por Competências.

As etapas 2, 3, 4 e 6 serão trabalhadas com profundidade neste livro; para as demais, apresentaremos diretrizes para sua aplicação.

1. Sensibilizar

Todas as etapas para implantação de Gestão por Competências são importantes, mas essa etapa é o princípio de todo o processo. Se não for bem-sucedida, certamente o projeto não será concluído.

Na sensibilização, é necessário apresentar os motivos da necessidade da implantação de Gestão por Competências em toda a organização. O desafio é falar aos diferentes setores com as linguagens que eles entendam. A dica, então, é falar a linguagem que o cliente interno entenda.

Mas falar o quê?

Falar o que é competência, para que implantá-la, qual o objetivo da implantação, o que conquistaremos (note que mencionei "conquistaremos" e não o que a empresa irá conquistar, pois é necessário o envolvimento de todos no processo). Para isso, use recursos visuais, palestras, cartazes, faça uso do *endomarketing* (que é o marketing interno, dentro da organização). Aqui, você precisa motivar as pessoas, fazer com que elas comprem a idéia. Elas precisam sentir que é um recurso de desenvolvimento das pessoas e que irão participar da construção.

2. Definir as Competências Organizacionais

Nessa etapa do processo, serão definidas as competências de que a organização precisa para trabalhar alinhada com Missão, Visão, Valores e Estratégia, o **MVVE**.

Na metodologia tradicional de definição das Competências Organizacionais, analisando o **MVVE** da empresa em conjunto com os erros e acertos que a empresa teve nos últimos anos, definem-se as competências de que a empresa precisa. Esse é um formato válido, porém sua técnica e comprovação são difíceis de serem explicadas em livros, por se tratar de um método totalmente subjetivo. Requer grande experiência do condutor do projeto, que, geralmente, é uma consultoria externa. Conseqüentemente, é uma metodologia que requer investimentos financeiros altos, em função da experiência do consultor. Vários autores ao escreverem sobre competências acabam tratando, de forma indireta, o mapeamento como uma "caixa-preta". Na realidade, eles passam algumas dicas de como extrair essas competências, que, basicamente, resumem-se em reuniões com direção e gerência e o consenso pelas competências ali definidas.

Reforço mais uma vez que é um método válido, porém que requer grande experiência do condutor ou do coordenador do projeto. Em outras palavras, não é popular ou de fácil entendimento. Foi exatamente isso que eu encontrei e ainda encontro nas empresas que visito, o que me motivou a desenvolver a *Metodologia do Inventário Comportamental para Mapeamento de Competências*, que será apresentada no Capítulo 5.

3. Definir as Competências de cada Função

Estabelecidas as competências organizacionais, deve-se analisar a descrição das funções e determinar quais das competências organizacionais são necessárias para cada função e em qual intensidade, ou seja, quanto. É nessa etapa que determinamos o perfil ideal da função.

Mais uma vez, a metodologia tradicional de mapeamento de competências requer grande perícia do condutor do projeto, pois, através dos mesmos recursos de reuniões apresentados no item anterior, serão determinadas as competências das funções. Nesse contexto, novamente entra a questão da subjetividade e todas as considerações feitas acima com que a Metodologia do Inventário Comportamental para Mapeamento de Competências trabalha no sentido de evitá-las.

4. Identificar as Competências dos Colaboradores

A próxima etapa do trabalho é identificar quais são as competências dos colaboradores para saber o que eles têm a oferecer e quais são as competências que precisam ser aprimoradas. É preciso identificar o *gap* do colaborador.

Para realizar esse processo, deve-se adotar o método da avaliação, não a comum que encontramos nas empresas, mas sim a com foco em competências. Tradicionalmente, ela é elaborada analisando o **MVVE** da empresa e as Competências Organizacionais. A partir daí, cria-se um questionário de avaliação que será respondido pelo próprio colaborador, seu superior e seus clientes e fornecedores internos. As pessoas que irão responder a esse questionário determinam o tipo de avaliação, assunto do Capítulo 7.

Também nesse item, a Metodologia do Inventário Comportamental para Mapeamento de Competências novamente tem um papel importantíssimo, pois através dela teremos o questionário pronto e direcionado, automaticamente.

5. Desenvolver os Colaboradores

Identificadas as deficiências de cada um dos colaboradores, é preciso treiná-los e desenvolvê-los. A diferença é que não iremos aplicar um treinamento genérico, mas sim específico, baseado nas competências necessárias. Dessa forma, os treinamentos acabam sendo mais objetivos, focados, precisos e assertivos.

6. Acompanhar a Evolução/Gestão por Competências

As etapas de 1 a 4 são o que chamo de "bater uma foto" da Organização. Muitas empresas, que de forma equivocada dizem ter Gestão por Competências, param na etapa 4. Algumas avançam para a etapa 5, apesar de, na realidade, não terem a Gestão por Competências. Efetivamente, Gestão por Competências é você não deixar o processo ficar apenas na foto, e sim mensurar a evolução de cada colaborador e de todo o trabalho realizado. Assim, consegue-se extrair o grande benefício do que é Gestão por Competências na sua essência: poder identificar os talentos para novos projetos ou tarefas, analisar equipes, motivar os colaboradores utilizando os que possuírem mais competências para participarem da evolução dos colaboradores que estão se desenvolvendo, reaproveitar os talentos de sua empresa em novos desafios ou funções, novos cargos e até mesmo em remuneração, benefícios ou plano de carreira.

Perguntas sobre Gestão por Competências

Quantas devem ser as competências de uma empresa?

Não há uma quantidade de competências mínima ou máxima que uma empresa deva ter, pois, assim como as pessoas são diferentes, as empresas também o são. Ainda que sejam do mesmo segmento de mercado, cada qual tem seus próprios objetivos, suas próprias crenças e valores, e público-alvo específico.

Vale mesmo usar o bom senso. De nada adianta uma empresa ter 30 competências mapeadas se as pessoas não souberem o que elas significam. Até mesmo porque chega um determinado momento em que os conceitos de tantas competências passam a se fundir, sendo difícil determinar onde termina uma e onde começa a outra. Além disso, é complicado gerenciar um número grande de competências.

O ideal é chegar a um limite máximo entre 10 e 15 competências e não há um número mínimo de competências. Já conheci empresas com apenas quatro competências. Se elas representam exatamente o que a empresa é, isso basta.

É possível implantar Gestão por Competências sem ter definido MVVE (Missão, Visão, Valores e Estratégia)?

Tecnicamente não, apesar de existirem no mercado empresas que dizem ter Gestão por Competências sem ter ao menos a Missão definida. Isso é um erro grave. O **MVVE** é fundamental para orientar e validar o processo de definição das Competências Organizacionais. Não é possível concluir que uma empresa precisa de criatividade, por exemplo, se não estiver claro o porquê da sua existência ou qual o seu papel, fato que pode ser checado na Missão da empresa. Como o **MVVE** é muito importante para a implantação de Gestão por Competências, o Anexo V deste livro auxilia em sua definição e conceitos.

É possível implantar Gestão por Competências sem ter a descrição atualizada das funções?

É fundamental ter definida e atualizada a descrição das funções para a implantação de Gestão por Competências. É muito comum em todos os tipos e tamanhos de empresas que seus colaboradores sejam cada vez mais multifuncionais. Assim, em uma análise, precisamos saber o que o colaborador deve efetivamente fazer, que são as atribuições da função. Dessa forma, pode ser determinada para a função nem mais e nem menos competências do que ela precisa. Lembre-se de que, ao determinar as competências da função, estamos traçando seu perfil ideal. E ainda devemos ter claro que definir o perfil ideal da função não é definir o perfil de um super-homem. Afinal o super-homem não existe na realidade, apenas em ficção, e não podemos fazer das competências da função uma ficção.

Podem ser utilizadas as competências de uma empresa do mesmo segmento para determinar as competências de minha empresa?

É até interessante você pesquisar e observar as competências de um eventual concorrente, mas elas não podem ser simplesmente "copiadas" e utilizadas por sua empresa, pois empresas são diferentes, cada qual possuindo a sua fatia do mercado, o seu **MVVE** etc. Além disso, o conceito e a necessidade de uma competência mudam de acordo com cada organização em função do **MVVE**. Você pode até concluir que as competências sejam as mesmas ao final do trabalho em nível de título, pois a essência e o que elas significam para ambas as empresas certamente serão diferentes, já que cada empresa tem que possuir um diferencial competitivo.

Dificuldades encontradas nas empresas para implantação de Gestão por Competências

Esse trabalho, como qualquer outro, não é um mar de rosas; também encontramos dificuldades. E são as dificuldades que levam muitas empresas a aplicarem Gestão por Competências apenas em alguns setores, ou que as limitam ao processo que descrevemos acima como "simplesmente bater uma foto" ou ainda, na pior das hipóteses, abandonem a implantação no meio do caminho. Vários são os motivos dessa realidade, a começar pela falta de ferramentas existentes no mercado dedicadas à Gestão de Pessoas realmente com Foco em Competências. Quando menciono ferramenta, entenda Metodologia, *Softwares* e, principalmente, *Softwares* com Metodologia. Isso porque a maioria dos grandes e tradicionais *softwares* que rodam nas empresas trata o módulo de RH em sua parte burocrática e contábil e não em questões de estratégia e de desenvolvimento de pessoas, muito menos em questões de competências comportamentais, sendo que esta é a bola da vez e a grande necessidade do mercado. Como dependemos da informática em qualquer tipo de gestão, a escassez de ferramentas é um fator de dificuldade. O Anexo VI deste livro traz um modelo de *software* para auxiliar a Gestão por Competências.

Alguns profissionais, por total falta de preparo, fazem da Gestão por Competências uma aventura dentro da empresa, fazendo com que elas passem por uma experiência não apenas traumática, mas também dramática devido à falta de preparo e de conhecimento técnico, e até ético, dos condutores do projeto. Queremos com este livro dar a oportunidade para que essa possibilidade seja consideravelmente minimizada.

Temos também outro grande problema que é natural do ser humano chamado "resistência ao novo". Para isso, a solução são as interessantíssimas dicas e sugestões que Maria Rita Gramigna apresenta em seu livro "Modelo de Competências e Gestão dos Talentos", em uma divertida metáfora que ela faz dos comportamentos e das reações das pessoas utilizando os tão conhecidos Sete Pecados Capitais: Preguiça, Gula, Avareza, Inveja, Ira, Luxúria e Cobiça. Se você for conduzir algum projeto novo, independentemente de ser Gestão por Competências ou não, vale a pena conferir essas dicas.

Para passar por cima de todas essas dificuldades, é interessante ter o seguinte princípio em mente: Gestão por Competências é algo que deve vir da direção da empresa, é de cima para baixo e não de baixo para cima. Claro que é fundamental o papel do Gestor de Pessoas e principalmente do RH, mas do RH positivo, que deve despertar na organização a necessidade da implantação da Gestão por Competências.

Quanto tempo dura um Mapeamento de Competências?

Essa é uma questão curiosa, pois ele não é eterno. Muito pelo contrário, deve ser revisto constantemente, e a justificativa é simples e lógica, e pode ser explicada refletindo-se sobre as perguntas abaixo.

- Quanto tempo dura a estratégia da empresa definida para alcançar **MVVE**?
- Com qual periodicidade uma empresa altera ou cria novas funções?
- Com qual freqüência novos produtos e desafios de mercado são criados e lançados?
- Com qual freqüência devem ser revistas a Missão e a Visão da organização?
- Quanto tempo o mercado permanece o mesmo, sem alterações?

Certamente, a resposta dessas perguntas é que as alterações acontecem a todo instante, mas isso não significa que será necessário fazer todo o processo de mapeamento das competências na mesma freqüência, mesmo porque isso seria impossível. No entanto, é preciso manter uma vigilância constante para se ter certeza de que Competências Organizacionais continuam atendendo às características de que a empresa precisa e, principalmente, às competências de cada função. É muito comum nas empresas mudanças e criações de funções, lideranças e novos projetos. Isso não muda necessariamente o **MVVE**, nem tão pouco as competências da organização, mas pode alterar as competências de uma função.

Por isso, é importante que a empresa tenha o conhecimento para poder fazer a Gestão do processo. Ao contrário da "foto", que é estática, a empresa é dinâmica e, justamente por isso, surge a necessidade de se fazer "Gestão por Competências" nas empresas.

CAPÍTULO 4

O Conceito dos Indicadores na Gestão por Competências

Tudo no mundo gira ao redor de indicadores:

- os médicos analisam o estado de saúde de um paciente através do nível de colesterol, de açúcar no sangue, a pressão dentre vários sinalizadores...;
- a economia é analisada pelo valor do dólar, pelo volume de negócios fechados na bolsa, pelo resultado da balança comercial...;
- o governo analisa também, além dos indicadores citados acima, o PIB, a taxa de crescimento ao ano...;
- ao comprar uma casa, analisamos sua localização, se há rachaduras, procuramos por manchas nas paredes para identificar vazamentos...

Poderíamos fazer listas enormes com diversos indicadores, mas é claro que não é esse o objetivo, a não ser levar-nos a uma reflexão.

Temos também outro exemplo muito interessante. Geralmente nas viagens aéreas, em um determinado momento, o comandante passa algumas informações do tipo:

- estamos a uma velocidade de 560 milhas por hora;
- e voando a uma altitude de cruzeiro de 36 mil pés.

Mas normalmente ele complementa:

- o que significa cerca de 900 km por hora;
- e altitude de cruzeiro de 11 mil metros.

E o que isso tem a ver com competências?

Tudo, pois significa que não entendemos uma linguagem que não é comum ao nosso dia-a-dia. É o exemplo da velocidade e altura, pois, antes da "tradução" do comandante, "achamos" que, se der um probleminha no avião, pela altura e velocidade o estrago será considerável. Porém, depois de entendermos exatamente o quanto são essa velocidade e altura, teremos certeza da gravidade do problema que teríamos.

Com exceção de especialistas, não sabemos falar em competências no dia-a-dia com exatidão: criatividade, flexibilidade, foco no cliente, foco em resultados, comunicação, empreendorismo, cultura da qualidade, saber ouvir, liderança, organização, planejamento etc.

Isso não quer dizer que não podemos aprender. Claro que podemos, mas isso é para especialistas, leva tempo e seria praticamente impossível levar uma organização inteira, de dois mil colaboradores, por exemplo, a compreender plenamente tudo isso. Organização nenhuma pode aplicar isso. Então, a forma clara de levar Gestão por Competências às empresas é utilizando indicadores que sejam reconhecidos por todos os colaboradores.

Mas, infelizmente, muitas empresas desenvolvem seus programas de Gestão por Competências ou fazem suas avaliações baseadas no "achismo", sem saber exatamente a dimensão daquilo que está avaliando ou dizendo. É preciso ter fatos nas mãos, e esses fatos são os indicadores, pois somente com indicadores um médico pode dizer se é necessário ou não um plano de ação para reduzir o colesterol, por exemplo.

O mesmo ocorre em Gestão por Competências. Não basta dizermos que um colaborador precisa melhorar sua Flexibilidade, pois seria muito genérico; montar um plano de ação assim é ineficiente. Porém, conhecendo os indicadores do que significa Flexibilidade para a empresa e com o apoio de uma avaliação com foco em competências, teremos condições de identificar em quais indicadores o colaborador não está bem. Com esses fatos em mãos, traçamos um plano de ação para que o colaborador melhore aquele indicador, e é claro que ele irá melhorar seu nível naquela competência, reduzindo o *gap* e sendo mais eficiente.

A vantagem de olhar o indicador é o poder e a possibilidade de ser específico e preciso, tanto no plano de desenvolvimento para reduzir *gaps* proporcionando o crescimento do colaborador, quanto no mapeamento de competências. O ápice da utilização dos indicadores é no desenvolvimento para reduzir os *gaps* dos colaboradores, pois possibilita a implantação precisa de um treinamento ou de um plano de ação específico para aquele indicador, como uma cirurgia, por exemplo.

Agindo dessa forma, as empresas conseguem ampliar os resultados em treinamento, pois serão focados e não generalizados. E por que não afirmar a redução de custos? Isso não significa menos verba para treinamento; ao contrário, sendo o treinamento preciso e eficaz, seus resultados serão notados. Dessa forma, o RH passa a ter um argumento real e financeiro para aplicar mais treinamentos. Esse é o caminho natural de um programa eficiente de Gestão de Pessoas com foco em Competências.

Essa visão sobre os indicadores e a amplitude que ele representa no processo de Gestão por Competências foi que impulsionou e deu base para a criação da "Metodologia do Inventário Comportamental para Mapeamento de Competências" que veremos a seguir.

Por que utilizar indicadores

As metodologias tradicionais de mapeamento de Competências Comportamentais seguem duas linhas básicas.

Uma delas parte da análise da Missão, da Visão e dos Valores da empresa, o que é louvável, mas segue por uma linha de dedução, que tenta enxergar quais as competências necessárias para a empresa, o que é muito subjetivo e, completando a subjetividade, utiliza uma reunião com um comitê multidisciplinar para encontrar o significado dessas supostas competências para a organização. Essa é uma tarefa difícil e consome muito tempo e, por conseqüência, dinheiro. Geralmente, o significado das competências até pode ficar claro, mas as pessoas não conseguem enxergá-las no dia-a-dia, gerando um desalinhamento e problemas na hora da avaliação das competências de seus colaboradores. É comum essas empresas ficarem apenas nas competências organizacionais e, muitas vezes, apenas nos títulos das competências. Essa é a constatação que tenho de uma amostragem significativa das empresas que me consultam durante as consultorias que faço e também das empresas que participam dos treinamentos que realizo sobre Gestão por Competências.

A outra linha tradicional de mapeamento de competências, até mais comum do que a primeira, parte da análise do Perfil do Cargo. Deixando de lado o princípio de que não posso concordar em fazer mapeamento de competências por cargo e considerando que o processo seja feito por função, também existem problemas de subjetividade.

Essa segunda linha trabalha basicamente com um *brainstorming* das competências comportamentais de cada atividade que a pessoa executa na função e depois separa os resultados em grupos.

Ambas as linhas seguem para uma definição generalista de competências e que leva à subjetividade. Claro que comportamento tem um viés de subjetividade, mas temos obrigação de trabalhar na redução dessa subjetividade.

Para ilustrar o que significa tal subjetividade, extraí da literatura a definição de Relacionamento Interpessoal de três autores, conforme descrito a seguir.

- Definição de Relacionamento Interpessoal, na visão do **Autor A**:
  Capacidade de compreender as pessoas e se tornar compreendido, estar aberto para entender a idéia do outro a partir do ponto de vista dele.

- Definição de Relacionamento Interpessoal, na visão do **Autor B**:
  Habilidades para interagir com as pessoas de forma empática, inclusive diante de situações conflitantes, demonstrando atitudes positivas, comportamentos maduros e não combativos.

- Definição de Relacionamento Interpessoal, na visão do **Autor C**:
  Capacidade de se relacionar de forma construtiva com o time, demonstrando consideração e respeito pelos colegas, promovendo a união e integração de todos e se sentindo parte do time e compartilhando problemas e soluções.

Note que a competência é a mesma, mas temos três definições totalmente distintas. O motivo é a amplitude do significado de uma competência. Para visualizar o problema, veja a Figura 5.

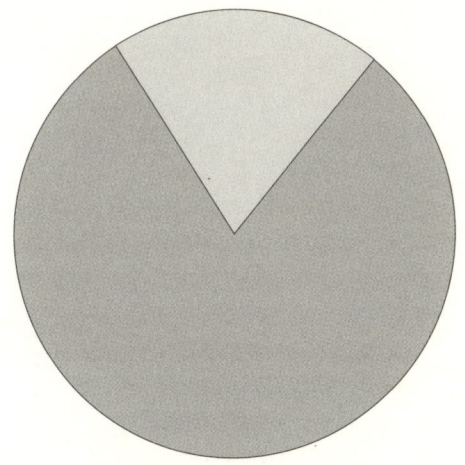

Figura 5 – Amplitude do Conceito de uma Competência

Considere uma competência qualquer. Por exemplo, Comunicação. O significado da Competência Comunicação é um extenso universo, representado pelo círculo completo, tanto a parte mais escura quanto a parte mais clara. Mas o que significa Comunicação para a empresa em questão não é todo o universo, e sim a faixa mais clara da figura.

Como definir o que é comunicação de forma que os colaboradores entendam exatamente o que ela significa para a empresa? A resposta são os indicadores de competências, que são os comportamentos observáveis.

Ao identificar esses comportamentos, eles serão representados como a fatia mais clara do círculo, que, na realidade, retomando a definição de competências de Scott B. Parry, é o "padrão preestabelecido".

Cada empresa tem o seu próprio entendimento dos comportamentos necessários, pois esses comportamentos têm origem nas Atitudes, que por sinal têm origem nos Valores. No caso, como estamos falando das competências organizacionais, nos Valores Organizacionais. E as empresas têm seus valores diferentes umas das outras, portanto os comportamentos desejados e necessários também são diferentes.

Portanto, utilizar os indicadores de competências é a forma mais objetiva para a Gestão por Competências e lembre-se de que indicadores de competências são os comportamentos observáveis.

CAPÍTULO 5

Metodologia do Inventário Comportamental para Mapeamento de Competências

O Inventário Comportamental para Mapeamento de Competências é uma metodologia desenvolvida por mim que permite que as empresas façam o mapeamento das Competências Comportamentais, utilizando os recursos da própria empresa, ou seja, sua equipe de RH e gestores.

Antes de apresentar como funciona a metodologia, é necessário entender o contexto de como ela surgiu, não por uma questão histórica, mas para visualizar o porquê da necessidade e o foco da metodologia.

Quando a *AncoraRh* desenvolveu seu *software* para treinamento e desenvolvimento com Foco em Competências, ao visitar as empresas para a divulgação, sempre se deparava com um principal problema: as empresas não possuíam as competências mapeadas e ainda havia um tabu de que somente era possível mapear as competências da empresa exclusivamente com um trabalho de uma consultoria externa. Assim, era preciso primeiro o trabalho da tal consultoria e somente depois era possível implantar o *software*.

Mas esse era apenas um problema superficial, uma vez que, ao partir-se para o mapeamento, muitas vezes o projeto ficava pelo meio do caminho, por falta de adaptação ao método utilizado ou falta de verba. Enfim, eram diversos problemas e, conseqüentemente, prorrogava-se a implantação do *software*.

Deparava-se, ainda, com o total desconhecimento do processo de Gestão por Competências, e muitas vezes com outro tabu: ouvia-se dizer que Gestão por Competências era uma solução acessível apenas para grandes empresas. O grande paradoxo, no entanto, é que as grandes empresas, muitas vezes, passam por contenção de verbas e não há dinheiro para megainvestimentos, apesar de esse fato não ser exclusivo apenas das grandes empresas.

Essas situações eram incômodas para o projeto da *AncoraRh* e foi quando enxerguei que teria um desafio extra de criar uma forma para transpor esses problemas. Ao me aprofundar em como era feito o processo de mapeamento das competências, tive mais uma fortíssima motivação para realizar o projeto, pois identifiquei uma grande subjetividade da metodologia tradicional de mapeamento de competências. Essa subjetividade era, muitas vezes, a responsável pelo cancelamento de muitas implantações do projeto de Gestão por Competências, pois chega uma hora em que ninguém mais se entende e, conseqüentemente, ocorre o abandono do projeto.

O próximo passo, então, foi buscar na literatura como mapear competências, e qual não foi minha surpresa ao encontrar uma vasta produção sobre Gestão por Competências. No entanto, nenhuma delas dizia como fazer o mapeamento de competências propriamente dito.

Muitos livros e autores, e diga-se por sinal excelentes, tratam de todo o processo de Gestão por Competências, fornecem até modelos, mas pecam quando chegam ao momento de como fazer o mapeamento, tratando o assunto como uma "caixa-preta".

A conclusão a que cheguei, e afirmo tranqüilamente da dificuldade do processo tradicional de mapeamento, é que, por questão cultural, os colaboradores e os gestores não sabem falar em competências, o que é extremamente natural, já que não é a linguagem do nosso dia-a-dia. É como o exemplo citado no Capítulo 4 sobre informação do piloto de avião falando em milhas e pés em vez de quilômetros e metros. Essa não é nossa linguagem. É possível, sim, ver competências nos colaboradores, através de seus indicadores (também citado no Capítulo 4). É difícil olhar para uma pessoa e dizer que ela tem foco em resultados, por exemplo. Mas se analisarmos se ela cumpre prazos, metas, mantém alinhada a cultura da empresa, não deixa projetos inacabados etc., que são alguns indicadores de foco em resultados, temos como afirmar não apenas se ela tem ou não competência, mas também o quanto ela tem dessa competência.

Outra característica da metodologia tradicional de mapeamento de competências é a dificuldade na etapa de mensurar o nível de competências necessário para a função, uma vez que geralmente analisando as atribuições do cargo conclui-se por consenso que o cargo precisa de nível 3, por exemplo. Esse é o x da questão: Como é possível através de análise concluir que a função do exemplo acima é nível 3 e não 3,5 ou 4?

Olhe a Figura 6 abaixo e responda a questão ao lado.

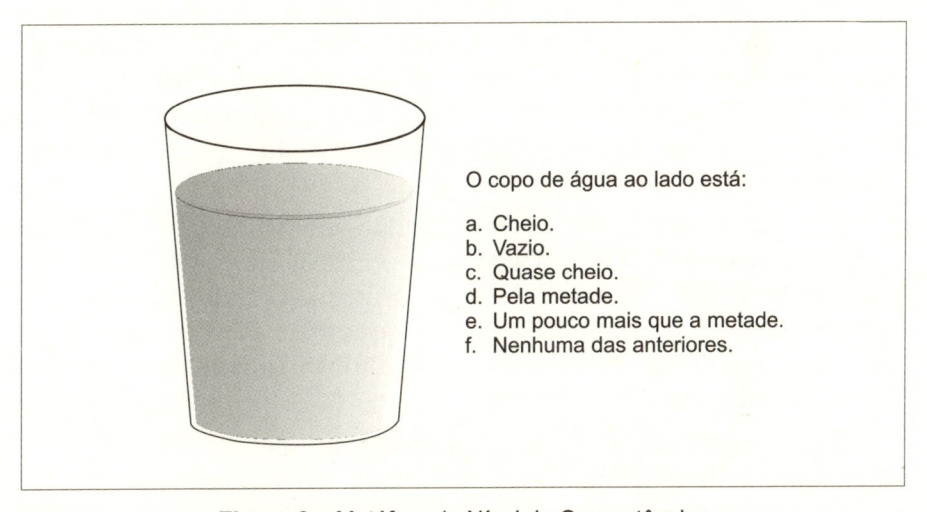

O copo de água ao lado está:

a. Cheio.
b. Vazio.
c. Quase cheio.
d. Pela metade.
e. Um pouco mais que a metade.
f. Nenhuma das anteriores.

Figura 6 – Metáfora do Nível de Competências

A Figura 6 é uma metáfora do nível de competências necessário para uma função, onde o copo seria uma competência qualquer, e a água representa o quanto dessa competência é necessário para a função.

A organização precisa da competência representada pelo copo e a função também. O máximo dessa competência para a organização é o copo cheio de água, por completo, "até a boca", como se costuma dizer. Mas a função em questão não precisa de tudo aquilo de competência. É justamente esse o problema da metodologia tradicional de mapeamento de competências: dizer exatamente o quanto é preciso para a função, pois, se apresentarmos essa mesma figura para diversas pessoas, respostas diferentes serão apresentadas. Mesmo que a maioria tenha escolhido a opção "Quase Cheio" ou "Um Pouco mais que a Metade", se perguntarmos exatamente quanta água tem no copo, não teremos uma resposta comum.

Na metodologia tradicional, a condução realizada por um consultor na implantação do projeto é que faz o consenso de determinar o nível 3, 4, ou 5, por exemplo. Isso requer grande experiência, não apenas na técnica ou no padrão adotado para a determinação da intensidade, mas, principalmente, na condução de um consenso entre o comitê da empresa que acompanha a implantação. Afinal, é muito comum integrantes desse comitê, que executam funções de áreas exatas na organização, como contábil ou financeira, e também muitos gerentes ou gestores, não concordarem com a definição apresentada, gerando descrédito no método.

É simples entender essa situação de desconforto; afinal, como explicar para um contador que a criatividade para sua empresa é diferente da criatividade da empresa concorrente à dele? O pensamento natural dele vai pela questão lógica: ativo, passivo, resultado, balanço etc., onde não importa qual a empresa, pois a regra é sempre a mesma.

É por todas essas razões e somadas a necessidade e proposta pessoal que tenho em compartilhar conhecimento com o público de RH e Gestores que foi criada a Metodologia do Inventário Comportamental para Mapeamento de Competências.

Assim, posso resumir que essa metodologia tem o seguinte propósito:

*Fazer com que Gestão por Competências seja acessível
a todas as empresas, não importando o tamanho,
o número de colaboradores ou o faturamento, e que
possa ser implantada com os recursos
da própria empresa.*

Talvez, se você leitor for de uma Consultoria de RH, deve estar querendo parar de ler este livro após essa afirmação, quem sabe pensando que essa metodologia possa tirar uma fatia de seu mercado de trabalho. Isso não é verdade, muito pelo contrário: aumenta – e muito – o seu trabalho, pois a metodologia faz com que sejam alcançados os resultados do mapeamento e da avaliação das competências dos colaboradores extremamente mais rápido. Isso de fato reduz custos, inclusive financeiros e de investimentos no projeto, porém a economia que a empresa fará nessa etapa ficará reservada para efetivamente corrigir o problema dos colaboradores, que são os *gaps*. Com isso, a consultoria terá muito mais trabalho em treinamento e na gestão dos talentos da organização, de forma mais eficiente. Seu cliente ficará satisfeito, e cliente satisfeito significa mais trabalho, mais indicações e mais retorno financeiro. Portanto, faço o convite para que leia com especial atenção o subitem, ainda neste capítulo, onde tratamos da Importância do Papel da Consultoria.

Feita essa extensa, porém necessária introdução, vamos finalmente à definição do que é o Inventário Comportamental para Mapeamento de Competências.

Definição

O Inventário Comportamental para Mapeamento de Competências é uma **Lista de Indicadores de Competências** *que traduz a conduta do Comportamento Ideal desejado e necessário para que a Organização possa agir alinhada ao* **MVVE**.

MVVE = **M**issão, **V**isão, **V**alores e **E**stratégia da Organização.

Como visto no Capítulo 4, competência não é nossa linguagem natural e não observamos competências, mas sim indicadores que traduzem competências. Portanto, o objetivo do Inventário Comportamental para Mapeamento de Competências é montar uma lista de indicadores que sejam compreendidos plenamente por seus colaboradores, afinal eles são os talentos e são eles que possuem as competências. Assim sendo, precisam entender plenamente o que se espera deles.

Características

- Pode ser aplicado em empresas de qualquer porte.
- Pode ser aplicado em todos os níveis da organização.
- Totalmente voltado para a realidade da empresa.
- Método construtivo e participativo.
- Baixíssimo investimento.
- Simplicidade e rapidez na implantação.
- Comprovado matematicamente.

O Inventário Comportamental para Mapeamento de Competências pode ser aplicado em qualquer empresa, de qualquer porte, independentemente do número de colaboradores. Utiliza uma metodologia construtiva que busca o que é melhor para a organização, e participativa, onde os próprios colaboradores identificam os indicadores de competências através da condução de uma simples atividade. Com isso, é possível a aplicação em todos os níveis da organização, envolvendo os colaboradores desde o cargo mais simples até o mais alto.

Como a identificação dos indicadores de competências é feita pelos próprios colaboradores, o resultado obtido por esse processo expressa totalmente a realidade da organização, e com exatidão.

Ainda, a implantação é uma característica interessante por ser simples e rápida, o que reduz drasticamente o custo de implantação. Além disso, por ser uma metodologia simples, pode ser conduzida utilizando os recursos da própria empresa: RH e Gestores.

Aplicação

- Identificar as Competências Organizacionais.
- Identificar as Competências de cada função.
- Identificar as Perguntas para a Aplicação da Avaliação com foco em Competências.

- Auxiliar na criação das perguntas para aplicar Seleção por Competências através da Entrevista Comportamental.

Com o Inventário Comportamental, podemos identificar de forma natural quais as Competências da Organização e também as Competências de cada função, além do nível necessário para cada uma delas.

Com essa metodologia, temos automaticamente as questões que devem ser utilizadas para a aplicação da Avaliação com foco em Competências, que pode ser desde a Auto-avaliação, Avaliação de Superiores, Avaliação Conjunta, chegando até Avaliação 360º ou Avaliação de Múltiplas Fontes.

O resultado dos indicadores apurados servirá também para auxiliar na elaboração das perguntas para a aplicação da Entrevista Comportamental no processo de Seleção por Competências.

O mais interessante de tudo isso é que todas essas aplicações são sob medida para a organização e para a função, trazendo grande precisão nos resultados, conforme mostra a Figura 7, na metáfora do nível de competências.

Mas a principal característica é que a Metodologia do Inventário Comportamental para Mapeamento de Competências é comprovada matematicamente. Quer dizer que, reutilizando a Metáfora do Nível de Competência citada anteriormente, poderemos afirmar, com precisão, quanta água tem no copo.

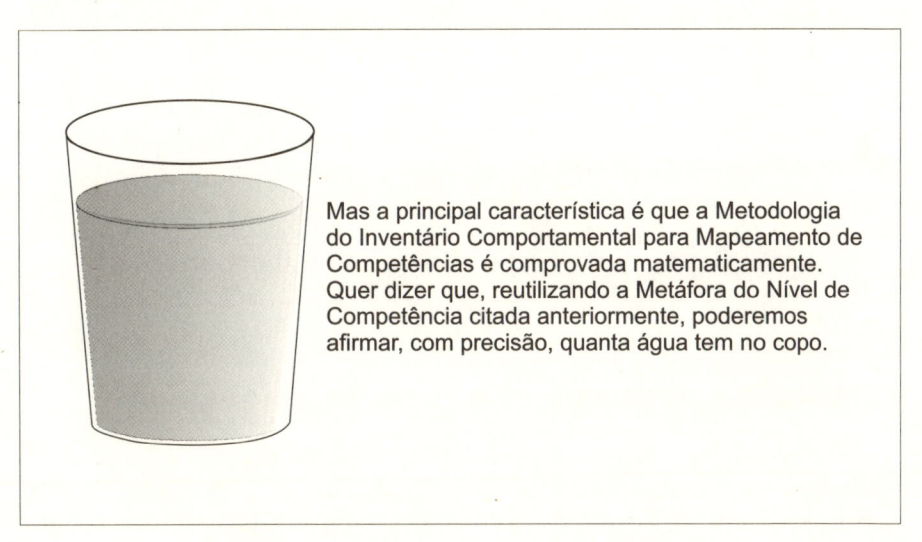

Figura 7 – Metáfora do Nível de Competências

Como construir o Inventário Comportamental

Separamos a Construção do Inventário Comportamental em duas partes, conforme mostramos a seguir.

- Parte I – Identificando as Competências Organizacionais.
- Parte II – Identificando as Competências de cada função.

Parte I – Identificando as Competências Comportamentais

Considere os conceitos abaixo relacionados.

- Nesta parte do processo, estamos identificando os Indicadores de Competências da Organização.
- Não estamos identificando as competências da função, apesar de ser necessário ter referências de todas as funções envolvidas.
- Todos os indicadores levantados representam 100% do que a organização precisa em nível de competências.

A fase da construção do Inventário Comportamental para Mapeamento de Competências possui cinco etapas:

1. eleger amostras da Rede de Relacionamento;
2. coleta dos Indicadores;
3. consolidação dos Indicadores;
4. associação das Competências aos Indicadores;
5. validação.

1. Eleger amostras da Rede de Relacionamento

A estratégia do Inventário Comportamental é identificar os indicadores de competências da organização com o auxílio dos próprios colaboradores. Para isso, precisamos escolher quais serão os colaboradores que irão participar deste procedimento.

Como os indicadores apurados representarão 100% das competências de que a organização precisa, nada mais justo do que envolver pessoas de todas as funções, seja de um "cargo" mais simples ou de "cargo" mais alto. O importante mesmo é que cada uma delas possa com sua própria visão contribuir, identificando o ideal para a organização.

Isso quer dizer que teremos que eleger pessoas de todas as funções para participarem da próxima etapa, que é a coleta de indicadores. E a partir daqui precisamos colocar alguns critérios para escolher os colaboradores, afinal o processo pode ser aplicado em uma pequena empresa de 2, 10, 20 colaboradores ou em grandes empresas de 100, 2.000, 10.000 colaboradores ou mais. Vamos a esses critérios.

Se a empresa for pequena, com mais ou menos 20 colaboradores, é possível a participação de todos na próxima etapa. Possível, mas não obrigatória. Se nem todos os colaboradores participarem, os mesmos critérios descritos, a seguir, para empresas com mais colaboradores devem ser seguidos.

Para empresas maiores, não importa o número de colaboradores, devemos olhar para cada função, uma a uma, e escolher pessoas que representem todos os colaboradores que executam a mesma função. Por exemplo: uma rede de lojas, com 40 lojas. Cada loja possui um gerente, três vendedores e duas pessoas que trabalham no crediário. Temos então:

- 40 Gerentes;
- 120 Vendedores;
- 80 Crediaristas.

Não iremos escolher toda essa população para participar da próxima etapa, mas sim uma boa amostra, que pode girar em média de 10% a 20%. No entanto, essa não é uma regra rígida que não tenha exceções. Podemos escolher 8 gerentes, uns 15 vendedores e 12 crediaristas.

É natural que, quanto mais colaboradores na mesma função, possamos ter uma amostra em percentual menor, como, por exemplo, uma empresa de *Call Center* com 2.000 operadores. Se for feita uma amostra com 50 colaboradores, teremos um excelente material, e estaríamos trabalhando com apenas 2,5%. Na via inversa, muitas funções são exercidas por dois ou três colaboradores, mas isso não impede escolher 100% dos colaboradores dessa função para a coleta de indicadores.

O importante é que tenhamos uma boa amostra da população e utilizemos o bom senso sempre.

Estrategicamente, para o exemplo da rede de lojas, podemos escolher alguns gerentes de lojas com excelente desempenho. Vale dizer, porém, que é importante e muito interessante mesclar as amostras, ou seja, mesclar esses gerentes das lojas que apresentam excelente desempenho com aqueles das quais estão apresentando problemas ou que estejam com um desempenho indesejado.

Importante

Se você não estiver mapeando as competências de toda a organização, ou seja, se estiver aplicando esse processo a partir de uma determinada função da organização ou somente em um setor, queremos afirmar que é válido e é possível utilizar a metodologia do Inventário Comportamental. Mas é preciso lembrar que os indicadores apurados e as competências identificadas terão a visão das pessoas e das funções eleitas nesta etapa do processo. Na prática:

- Se você for utilizar o mapeamento apenas para gerentes e diretores da empresa e, ao escolher os colaboradores para essa primeira etapa, não incluir os colaboradores das funções abaixo da função dos gerentes, o processo está certo. Porém, é muito provável que as amostras dos colaboradores das funções que foram suprimidas trouxessem indicadores importantes para serem acrescentados aos identificados pelo grupo de gerentes e diretores; afinal, apesar de serem da mesma empresa e ocuparem cargos estratégicos, eles não têm como saber, de forma atualizada, de tudo que acontece no dia-a-dia ou de todas as funções, simplesmente por executarem funções diferentes.

A justificativa desse processo está no início do Capítulo 3, quando foi mencionado o exemplo da visão e da contribuição da pessoa que está na linha de montagem. Por essa ser uma metodologia rápida, de fácil implantação e participativa, vale a pena rever a possibilidade da implantação em toda a organização, até nos cargos mais simples. Mas se mesmo assim esse não for o propósito da empresa, então a dica é descer ao máximo nas funções, ou seja, envolver representantes do maior número possível de funções, pois, mesmo se algumas dessas funções não forem mapeadas, ao menos contribuíram na construção dos indicadores de competência.

O objetivo dessa eleição é ter representantes da rede de relacionamento entre as funções da organização, sem deixar nenhuma função excluída. Portanto, para empresas que possuem setores em outras filiais ou ainda um mesmo setor em duas cidades, por exemplo São Paulo e Rio de Janeiro, se for possível, é interessante acrescentar colaboradores representantes dessas funções de outras filiais ou cidades na lista dos eleitos para participarem da próxima etapa.

2. Coleta dos Indicadores

Temos a lista dos colaboradores em mãos. Agora, precisamos extrair desses colaboradores eleitos os indicadores de competências. Mas pode ter certeza de que não funciona colocá-los em uma sala, entregá-los um papel em branco e pedir que escrevam os indicadores. Digo isso por experiência própria.

Precisamos extrair os indicadores, mas esses colaboradores não sabem o que é um indicador de competências, mesmo que a empresa já tenha feito a etapa de sensibilização. Quer dizer, os colaboradores sabem nos dar esses indicadores, apenas não sabem que têm esse nome.

Para conseguir identificar esses indicadores, deve ser aplicada uma atividade extremamente simples chamada **"Gosto/Não Gosto/O Ideal Seria"**. Com o resultado dessa atividade, teremos os indicadores identificados pelos próprios colaboradores. Pela simplicidade da atividade, certamente os colaboradores que participarem dessa etapa não farão idéia da dimensão de sua contribuição no processo.

É preciso montar turmas para a aplicação da Coleta dos Indicadores e essa montagem é extremamente simples, pois não há limite máximo de integrantes por turma, nem problema em mesclar colaboradores de diferentes funções ou nível hierárquico. O número de turmas está ligado à quantidade de colaboradores eleitos e à capacidade da sala ou do auditório que a empresa tem disponível. Exemplificando, se tivermos 60 colaboradores eleitos e uma sala com capacidade para 20 pessoas será necessário montar três turmas.

A atividade com cada turma leva em média uma hora e é dividida em duas etapas: uma explicação e conscientização do que será feito que leva em torno de 15 minutos e o restante do tempo para a atividade propriamente dita.

Cada colaborador irá receber uma folha com três colunas. As colunas terão a seguinte identificação: **Gosto**, **Não Gosto**, **O Ideal Seria**, conforme Tabela 2.

Tabela 2 – Folha-exemplo da Atividade do "Gosto/Não Gosto/Ideal Seria"

Gosto	Não Gosto	O Ideal Seria

O objetivo dessa atividade é fazer com que os colaboradores pensem nas pessoas com as quais ele se relaciona dentro da empresa, uma a uma, não importando se elas são seus superiores, subordinados, pares, clientes ou fornecedores internos. Na folha de coleta, deverão ser registrados os comportamentos da pessoa que o colaborador estiver refletindo, separando-os nas colunas **Gosto/Não Gosto/O Ideal Seria**. Desse resultado, sairão os indicadores de competências necessários para a organização.

Detalhando a atividade

Ao refletir sobre uma pessoa, especificamente sobre seus comportamentos e seu jeito de ser, podemos identificar as atitudes que essa pessoa tem que contribuem para o sucesso da organização em que trabalha ou, ainda, os erros ou os problemas dessa pessoa. Se formos um pouco mais além, chegamos à conclusão do que ela poderia melhorar para executar seu trabalho com mais êxito, de forma que a organização cumpra seu **MVVE** – **M**issão, **V**isão, **V**alores e **E**stratégia da empresa.

Relembrando a definição de competências vista no Capítulo 2, onde desmembramos o **CHA**, afirmamos que o **A** da **Atitude** é o que nos leva a exercitar nossa habilidade de um determinado conhecimento, pois é o querer fazer, e que a Atitude é a Competência Comportamental, como representado na Tabela 3.

Tabela 3 – Desdobramento do **CHA**

Conhecimento	Saber	Competência Técnica
Habilidade	Saber Fazer	
Atitude	Querer Fazer	Competência Comportamental

Portanto, através da reflexão proposta pela atividade do **Gosto/Não Gosto/O Ideal Seria**, conseguimos fazer com que os colaboradores eleitos para participarem dessa etapa tenham a referência de que precisam para escreverem os comportamentos. Serão listados tanto os comportamentos que eles gostam nas pessoas quanto os que não gostam, e, segundo suas percepções, aqueles que precisam ser melhorados. Essa é uma fonte muito rica de informações e daqui extraímos com tranqüilidade e precisão os indicadores das competências organizacionais.

Para alcançar o sucesso dessa atividade, é preciso deixar claro o que queremos dos colaboradores e o porquê de eles estarem fazendo essa atividade. Isso faz parte dos 15 minutos iniciais, onde devem ser tratadas a conscientização e a explicação da atividade.

Para que os colaboradores possam entender com clareza como fazer, apresento o exemplo utilizado pelo Paulo Roberto Menezes, diretor da *Selling Out*, uma consultoria de RH do Rio de Janeiro, que aplicou essa metodologia em um grande grupo de empresas, fazendo o mapeamento das Competências Organizacionais, de cada função, e, ainda, avaliando os colaboradores com foco em competências. Nesse processo, foi utilizada toda a Metodologia do Inventário Comportamental para Mapeamento de Competências. O Anexo II traz uma matéria publicada no site www.rh.com.br em janeiro de 2005 referente à implantação desse processo.

Na explicação da atividade, antes de entregar aos colaboradores a folha de coleta dos indicadores com as colunas **Gosto/Não Gosto/O Ideal Seria**, ele levou os colaboradores a uma experiência muito comum em nossas vidas, pedindo para que pensassem em suas esposas, maridos, namorados ou namoradas. Então, solicitou que dissessem duas coisas que admiravam nessas pessoas e duas de que não gostavam. A partir desse exemplo, Menezes começou a explicar a atividade, transportando de uma metáfora para dentro do cenário da organização. Achei uma excelente forma de propor a atividade, pois, como as turmas a serem montadas para a Coleta dos Indicadores são compostas por colaboradores de diversas funções e diferentes níveis hierárquicos, esse exemplo é comum a todos, e todos entendem essa linguagem. Realmente contribuiu, e muito, para o processo.

Vejamos, então, na Figura 8, um exemplo da rede de relacionamento de um colaborador, que chamaremos de Carlos.

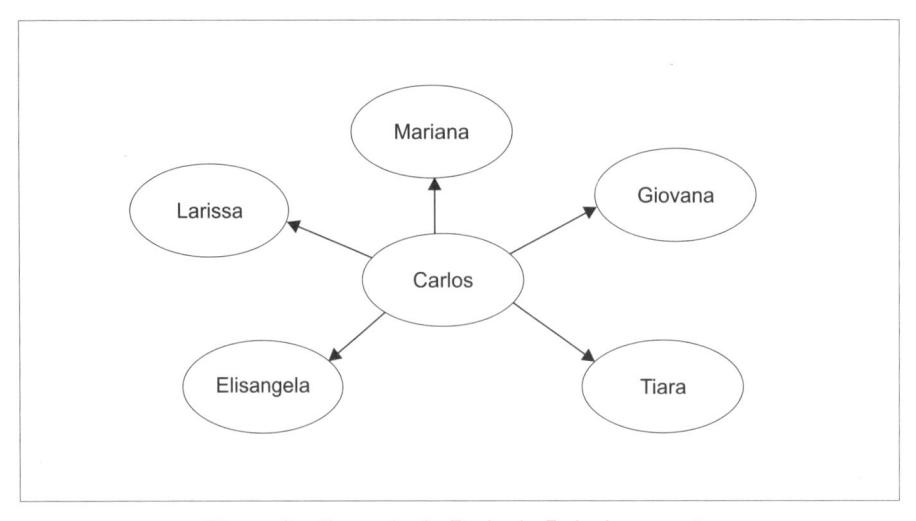

Figura 8 – Exemplo da Rede de Relacionamento

- Carlos foi um dos eleitos para participar da Coleta dos Indicadores, isto é, responder o **"Gosto/Não Gosto/O Ideal Seria"**.

- Ele se relaciona com Mariana, Giovana, Tiara, Elisangela e Larissa.

- Em uma única folha, ele marca os comportamentos que *Mariana* tem em relação à Missão, à Visão e aos Valores da Organização que ele Gosta, que ele Não Gosta e o Ideal Seria.

- Em seguida, *na mesma folha*, ele faz essa mesma reflexão de Giovana. Depois de Tiara, Elisangela e, finalmente, de Larissa.

Algumas questões devem ser consideradas na explicação e conscientização da aplicação da atividade do **"Gosto/Não Gosto/O Ideal Seria"**, conforme enumeradas a seguir:

1. *Sensibilizar as pessoas que irão responder*

Deixar clara a finalidade da atividade e utilizar um exemplo prático são fatores que contribuem na qualidade dos indicadores citados.

2. *Não há limites de comportamentos a serem registrados*

Podem ser registrados todos os indicadores que o colaborador quiser, sem limites mínimo ou máximo. Quanto mais indicadores, melhor.

3. *Uma única lista para cada eleito*

Cada colaborador receberá uma única folha para preenchimento. Assim que terminar de refletir sobre um colaborador, as anotações da próxima pessoa que ele for refletir devem ficar logo após o último comportamento registrado na respectiva coluna. Em uma única lista, ele registra os comportamentos de todos os colaboradores com os quais ele se relaciona.

4. Não identificar quem está respondendo e de quem é o comportamento

A folha de coleta não deve conter a identificação de quem está respondendo. Da mesma forma, é preciso orientar o colaborador de que ele não deve identificar a pessoa na qual ele estiver pensando. Essa é uma atividade sem identificação, para que as pessoas fiquem à vontade para expressarem tudo o que desejam, sem ressalvas.

5. Não é necessário escrever novamente um comportamento caso já esteja relacionado

Orientar o colaborador para que, ao registrar um comportamento de uma pessoa, se este comportamento já estiver registrado na folha, não é necessário escrevê-lo novamente. É suficiente registrar o comportamento na folha de coleta uma única vez.

6. A reflexão deve ser feita sobre todas as pessoas com as quais o colaborador se relaciona

Ao preencher a folha de coleta, o colaborador deve refletir sobre todas as pessoas com as quais ele se relaciona, mesmo que essas pessoas não estejam naquela sala ou não tenham sido eleitas para a coleta dos indicadores.

7. Usar frases curtas, porém esclarecedoras

Orientar os colaboradores para que sejam precisos e objetivos ao redigirem os comportamentos, evitando frases longas, situações etc., porém ser esclarecedor em sua frase, por exemplo: "É cortês com os colegas de trabalho".

8. Considerar MVVE, erros e acertos

Um detalhe que ajuda a obter uma melhor qualidade dos indicadores é pedir para que os colaboradores, no momento da reflexão sobre uma pessoa, levem em consideração os comportamentos dessa pessoa em relação ao sucesso da Organização, a Missão, a Visão, os Valores e as Estratégias da Empresa. Proponha também que seja considerado o papel dessa pessoa em erros e acertos que a Organização teve ou tem, mas sempre no sentido profissional.

9. Atenção com o E e Vírgulas – múltiplos indicadores de comportamentos

Principalmente na coluna do **Não Gosto** é comum encontrarmos pessoas que querem desabafar e utilizam muito o **E** e as **vírgulas**, indicando na realidade não apenas um comportamento, mas, a cada utilização do **E** ou **vírgula**, um comportamento. Por exemplo, alguém que tenha escrito na coluna do **Não Gosto**:

"Não tem paciência para explicar o trabalho e realiza todo o trabalho sozinho, acumulando tarefas".

O ideal da escrita dessa frase seria "quebrá-la" nos indicadores de comportamentos. Veja como ficaria:

- Não tem paciência para explicar o trabalho.
- Realiza todo o trabalho sozinho.
- Acumula tarefas.

Se perceber que a turma não conseguirá compreender que é necessário separar os comportamentos, não se preocupe e deixe os colaboradores escreverem como quiserem. Se for possível, faça a recomendação, pois seu trabalho na próxima etapa ficará mais simples.

10. Padrão de relacionamento

A essa altura, muitos colaboradores devem estar pensando que ficarão umas três semanas para prepararem esse material, pois se relacionam com muitas pessoas. De fato, temos pessoas dentro de uma organização que se relacionam com muitos colaboradores. Lembra-se do exemplo da rede de lojas, com 40 lojas? Se essa empresa tiver um Gerente Geral, de todas as lojas, de saída ele se relaciona com 40 pessoas, fora os demais relacionamentos dentro da empresa... Mas isso não é problema, pois existe algo natural que acontece durante a atividade, que é a identificação de um padrão de comportamento. Vejamos na prática.

Ao analisar a primeira pessoa, é natural serem consumidos uns bons minutos. O mesmo acontece com a segunda e a terceira pessoa. Mas chegará um determinado momento, na quarta ou quinta pessoa a ser analisada, em que não haverá muito a acrescentar, pois os comportamentos já estão registrados. Somente os principais fatores de destaque (comportamentos), tanto do **Gosto** quanto do **Não Gosto** ou do **O Ideal Seria** se sobressaem. Assim, a partir desse momento, o colaborador passará mentalmente pelas pessoas, uma a uma, e somente virão à tona essas características de destaques, positivas ou negativas, pois as demais já foram analisadas e registradas. É muito interessante. Experimente fazer esse exercício pensando nas pessoas com as quais você se relaciona profissionalmente ou mesmo nas pessoas de sua família. Algumas pessoas de destaque, referência, liderança ou por força de sua personalidade, positiva ou negativa, não importa, vêm à sua mente. As demais passam a ser comuns, por mais numerosa que seja a sua família ou sua rede de relacionamento profissional. Lembrando-se delas, uma a uma, virá em sua mente as características mais marcantes.

11. *Indicadores que não são indicadores de competência*

Dentre os diversos indicadores expressos, podem aparecer alguns que, certamente, não serão indicadores de competências, por mais que você tente se esforçar. Eles são, geralmente, indicadores de Clima Organizacional ou de algum estudo detalhado ou até mesmo de uma investigação a ser realizada. Por exemplo: "Não assediar as mulheres da empresa" ou "Não receber comissões de fornecedores", e por aí vai. Essas questões são dignas de boas medidas que não são do tema das competências. E o interessante é que, muitas vezes, acontece mesmo, principalmente se o facilitador da atividade do **Gosto/Não Gosto/O Ideal Seria** conseguir deixar as pessoas bem à vontade e transmitir segurança e confiança para os colaboradores que farão a atividade. E isso não é um problema no processo, de forma alguma; na verdade, serve como base e sustentação para estudos na empresa.

A sugestão e melhor alternativa seria, ao montar as turmas para responderem o **Gosto/Não Gosto/O Ideal** é iniciar a conscientização e imediatamente pedir para que iniciem a reflexão. Assim, ao terminar o prazo para eles responderem, o material para a próxima etapa já estará disponível. No entanto, nem sempre tudo funciona dentro do ideal como se planeja, sendo necessário entregar a folha de resposta para que alguns colaboradores, os que viajam ou ficam sempre fora da empresa, por exemplo, respondam e enviem esse material em uma data estipulada. Pode ser utilizado esse recurso, mas tente a montagem da turma, pois os colaboradores já estarão aquecidos e motivados para a atividade. Se precisar utilizar esse recurso, o fundamental é determinar a data de devolução dessa folha do **Gosto/Não Gosto/O Ideal Seria**, cumprindo-se a data estabelecida para a devolução. Afinal, estamos falando de competências.

Veja um exemplo de um fragmento do resultado que teremos na Tabela 4.

Tabela 4 – Exemplo da atividade do Gosto/Não Gosto/Ideal Seria

Gosto	Não Gosto	O Ideal Seria
• Soluciona de forma rápida os problemas do cliente. • Traz soluções criativas para os problemas que parecem difíceis de resolver. ...	• Não é cortês com os colegas de trabalho. • Não sabe ouvir os *feedbacks*. ...	• Fosse objetivo ao expor suas idéias. • Confraternizasse os resultados obtidos. ...

Esse exemplo está limitado a dois comportamentos por coluna, mas, como mencionado anteriormente, podem existir inúmeros comportamentos.

O tempo suficiente para o preenchimento dessa folha é em torno de 40 minutos. Feito isso, a participação dos colaboradores termina aqui.

3. Consolidação dos Indicadores

A próxima etapa, a da consolidação dos Indicadores, sem dúvida, é a parte mais trabalhosa e que consome mais tempo. Agora, temos uma pilha de papel com as respostas do **Gosto/ Não Gosto/O Ideal Seria**. Se foram 40 colaboradores que responderam, são 40 folhas e teremos que consolidá-las, o que significa escrever uma lista com os indicadores apurados:

- no infinitivo;
- de forma afirmativa;
- no sentido ideal para a organização;
- eliminar as frases duplicadas ou de mesmo sentido;
- separar quando tiver mais que um indicador na mesma frase.

No infinitivo

Transformar a frase no infinitivo faz com que ela fique com tom de definição e determinação. Por exemplo, estava escrito na coluna do **Gosto**: "Traz soluções para os problemas do dia-a-dia", na transformação ela deve ficar:

"Trazer solução para os problemas do dia-a-dia".

De forma afirmativa

Basicamente, é o tratamento para as frases na coluna do **Não Gosto**, onde, por exemplo, temos a frase: "Não é cortês com os colegas de trabalho", na transformação deve ficar:

"Ser cortês com os colegas de trabalho".

No sentido ideal para a organização

Esse caso, geralmente, acontece na transformação da coluna **Não Gosto** quando, ao escrever o comportamento, o colaborador usa uma frase do estilo: "Deixa Cliente sem Retorno". Nesse caso, não basta transformar a frase para o infinitivo (Deixar cliente sem retorno), afinal ninguém gostaria de ser tratado assim. Então, o resultado seria:

"Dar retorno ao cliente".

Eliminar as frases duplicadas ou de mesmo sentido

Muitas frases significam a mesma coisa, porém estão escritas com palavras diferentes. Nessa etapa, é preciso uma boa capacidade de síntese e atenção aos itens já consolidados para evitar duplicidade.

É preciso um cuidado especial para manter a originalidade dos termos utilizados pelos colaboradores, pois esses termos são a linguagem que eles entendem. Essa é uma das grandes preciosidades da metodologia: usar uma linguagem comum.

Separar quando tiver mais que um indicador na mesma frase

Alguns colaboradores, apesar das orientações, irão contar histórias e agrupar em uma única frase dois ou mais indicadores. É preciso separá-los, pois nem sempre são indicadores da mesma competência.

Veja o exemplo de uma frase escrita na coluna **Não Gosto**:

"Não possui paciência para explicar o serviço, acumulando tarefas e muitas vezes destrata os colegas de trabalho".

Temos que separar em três indicadores:

- *Ter paciência para explicar o serviço.*
- *Não acumular tarefas.*
- *Tratar bem os colegas de trabalho.*

Note que o segundo indicador é uma afirmação no sentido ideal para a organização, mas sua construção inicia com uma negativa: "Não acumular tarefas". Não há problemas em manter esse tipo de construção, mas também poderia ser redigido assim: "Realizar tarefas no prazo estabelecido".

Outro detalhe é o indicador "Tratar bem os colegas de trabalho", que não é exatamente a construção original, mas a alteração realizada no indicador não mudou o conteúdo ou tornou a frase mais difícil de ser compreendida. Apesar disso, se o indicador "Ser cortês com os colegas de trabalho" for utilizado, um desses indicadores terá que ser excluído, pois ambos possuem o mesmo sentido.

Apesar de não ter citado nenhum exemplo dos indicadores da coluna **O Ideal Seria**, o processo é exatamente o mesmo. Apenas para ilustrar, as frases "Fosse objetivo ao expor suas idéias" e "Confraternizasse os resultados obtidos" ficariam:

Ser objetivo ao expor suas idéias.
Confraternizar os resultados obtidos.

4. Associação das Competências aos Indicadores

Agora, sem os papéis e com uma lista de indicadores de competências, a tarefa é associar cada indicador a uma competência, como mostrado na Tabela 5.

Tabela 5 – Associação de Indicadores às Competências

Indicador de Comportamento Apurado	Competência Associada
• Solucionar de forma rápida os problemas do cliente	Foco no Cliente.
• Trazer soluções criativas para os problemas que parecem difíceis de resolver	Criatividade.
• Ser cortês com os colegas de trabalho	Relacionamento Interpessoal.
• Saber ouvir os *feedbacks*	Relacionamento Interpessoal.
• Ser objetivo ao expor suas idéias	Comunicação.
• Confraternizar os resultados obtidos	Liderança.

Apesar de ser desfavorável a listas prontas, apresento uma lista de competências e indicadores. O objetivo dessa lista é de caráter didático e ilustrativo, e insisto em não recomendar, por maior que seja sua vontade ou falta de tempo, utilizar essa lista como as competências e indicadores de sua empresa. Se você utilizá-la, não estará fazendo o mapeamento das competências da sua empresa, mas sim por competências listadas neste livro.

Cada empresa pode ter definição e entendimento diferentes para o mesmo indicador. Por exemplo, o indicador "Dar retorno ao cliente" pode ser entendido por algumas empresas como Foco no Cliente e para outras empresas como Foco em Resultados. O que caracteriza essa diferenciação é a cultura da empresa e sua Missão, Visão e Valores.

Fiz a opção por uma lista das 14 competências principais, listadas abaixo, que encontramos nas empresas às que aplicamos os processos de gestão por competências.

- Criatividade.
- Empreendedorismo.
- Visão Sistêmica.
- Negociação.
- Organização e Planejamento.
- Foco em Resultado.
- Foco no Cliente.
- Cultura da Qualidade.
- Liderança.
- Tomada de Decisão.
- Comunicação.
- Trabalho em Equipe.
- Relacionamento Interpessoal.
- Flexibilidade.

Para cada competência, utilizamos *exemplos* de indicadores que representam essas competências, de caráter exclusivamente didático. Daí o motivo do alerta e da necessidade de fazer um trabalho personalizado, como detalhado neste livro, pela Metodologia do Inventário Comportamental. E, para evitar um uso indevido dessa lista, apresentarei, **no máximo, 5 indicadores por competência**. Para algumas competências, apresento um comentário após a definição.

Lista de Competências, Definições e Exemplos de indicadores

Criatividade

Conceber soluções inovadoras, viáveis e adequadas para solucionar situações de impasse.

Exemplo de Indicadores

- Trazer soluções criativas para os problemas que parecem difíceis de resolver.
- Trazer idéias para desenvolver os produtos/serviços já existentes.
- Apresentar alternativas criativas para melhorar os procedimentos.
- Apresentar idéias de novos produtos/serviços a serem desenvolvidos.
- Trazer soluções criativas quando faltam recursos (financeiros ou não) para um projeto.

Empreendedorismo

Visualizar e colocar em prática soluções e oportunidades de ação visando à competitividade da organização por meio de seus produtos e serviços, ou de ações referentes ao ambiente de trabalho e equipe.

Comentário

Empreender significa deliberar-se a praticar, propor-se, tentar. O empreendedorismo está relacionado com colocar em prática uma solução vinda da competência Criatividade.

- Manter-se atualizado sobre o mercado e sobre os assuntos com os quais a empresa lida.
- Estar atento para oportunidades de mercado, assumindo riscos calculados para manter a empresa competitiva.
- Promover a implantação de soluções que contribuam para melhorias ou mudanças importantes no ambiente de trabalho.
- Buscar por mudanças no ambiente de trabalho ou equipe, não tendo uma visão conformista diante de problemas.

Visão Sistêmica

Ter a visão do processo ou da empresa como um todo, a interdependência das áreas ou dos subsistemas, visualizando os impactos de uma ação.

- Perceber o impacto da atividade que realiza nos processos das demais áreas da empresa.
- Perceber o impacto de uma ação a ser realizada em sua área, em outras áreas e na empresa.
- Ter compreensão dos processos da empresa.
- Visualizar se uma ação está alinhada à Missão e à Visão da empresa.
- Conhecer todas as áreas da empresa para compreender as necessidades dos clientes internos/externos.

Negociação

Conduzir o entendimento entre partes interessadas em um objetivo, promovendo um canal adequado de comunicação entre as partes, de forma equilibrada, ouvindo e escutando efetivamente, com o objetivo de chegar a um acordo comum e que seja interessante para a organização.

- Apresentar argumentações convincentes para defender os interesses da organização.

- Buscar informações da pessoa ou da empresa com a qual irá negociar, para identificar seus interesses.
- Planejar as ações, como alcançar objetivos e alternativas antes de iniciar uma negociação.
- Certificar-se de que a pessoa com quem está negociando compreendeu corretamente sua proposta.

Organização e Planejamento

Ordenar e Planejar ações, ambiente ou equipe de trabalho, priorizando seqüência e forma de execução ou implementação de tarefas ou ações com a finalidade de facilitar e atingir os objetivos propostos.

- Manter local de trabalho organizado, facilitando a localização de objetos ou documentos.
- Determinar objetivos e metas com prazos possíveis de serem executados.
- Planejar e priorizar a realização das tarefas, utilizando o tempo de forma eficaz.

Foco em Resultado

Estar comprometido com os objetivos da organização, tomando as providências necessárias para que sejam cumpridos no prazo e com as características planejadas.

- Cumprir metas e atividades estabelecidas.
- Realizar as metas e as atividades dentro dos prazos estabelecidos.
- Providenciar as ações necessárias para que as metas e as tarefas sejam cumpridas tendo postura ativa, evitando sua não-realização.
- Executar atividades norteadas pelas diretrizes de Missão, Visão e Valores da empresa.

Foco no Cliente

Ter a compreensão de que o cliente é uma das razões do existir da empresa, tomando ações para que seja atendido de forma a promover a aproximação entre cliente e empresa, propiciando sua fidelização.

Comentário

Em Gestão por Competências, Foco no Cliente visa o Cliente Externo. Já os comportamentos referentes ao Cliente Interno devem ficar associados à competência Relacionamento Interpessoal ou Trabalho em Equipe.

- Compreender as necessidades do cliente, tomando as ações necessárias para atendê-lo dentro das diretrizes organizacionais.
- Ser cortês com os clientes.
- Realizar atendimento personalizado ao cliente para que se sinta exclusivo.
- Solucionar de forma rápida os problemas do cliente.

Cultura da Qualidade

Zelar pela qualidade dos processos e buscar melhorias contínuas para o aperfeiçoamento de processos, produtos e serviços, otimizando os resultados em prol dos objetivos organizacionais.

- Executar ações e processos de acordo com as normas e procedimentos da empresa.
- Tomar as providências necessárias para evitar a reincidência de um erro.
- Implementar mudanças em processos ou procedimentos visando à simplificação e à melhoria contínua.
- Manter documentação atualizada.
- Concentrar-se na execução das atividades para evitar erros.

Liderança

Conduzir pessoas e equipes para atingir os objetivos organizacionais, promovendo o desenvolvimento de pessoas, de equipes, do ambiente e da empresa.

- Promover o desenvolvimento da equipe por meio de ações de capacitação e *feedback*.
- Praticar a descentralização das tarefas preparando as pessoas para assumirem responsabilidades.
- Transmitir os objetivos organizacionais com clareza e objetividade.
- Zelar para que os resultados organizacionais sejam atingidos.
- Transmitir energia e motivação para a equipe superar obstáculos e dificuldades para atingir as metas.

Tomada de Decisão

Identificar e escolher a alternativa mais adequada para a solução de um problema dentro do período ideal da decisão, analisando riscos e oportunidades.

- Buscar informações com equipe, departamentos ou documentos para a tomada de decisão.
- Ter a percepção de tempo ideal da tomada de decisão, não sendo precipitado e não sendo tardio na escolha.
- Analisar os riscos e as oportunidades de todas as alternativas possíveis para a tomada de decisão.
- Ser seguro e firme na decisão tomada, promovendo um clima de confiança.

Comunicação

Estabelecer e utilizar meios para transmitir e receber informações faladas, escritas ou visuais, presenciais ou por meio impresso ou eletrônico, de forma clara e objetiva, garantindo o entendimento entre as partes e facilitando a disseminação e a compreensão de objetivos.

- Ser claro e objetivo ao expor suas idéias.
- Dar *feedback* de forma adequada.
- Receber *feedback*, compreendendo a visão dos outros sobre seu comportamento.
- Usar linguagem simples, mesmo em assuntos técnicos, sendo possível a compreensão por todos.
- Redigir textos, cartas ou e-mails com clareza.

Trabalho em Equipe

Trabalhar com demais membros da sua equipe, tendo atitudes de colaboração para que todos alcancem os objetivos organizacionais, desenvolvendo um ambiente de colaboração mútua.

- Auxiliar os colegas de trabalhos na resolução de problemas.
- Esclarecer as dúvidas de trabalho dos colegas.
- Compartilhar os conhecimentos adquiridos com a equipe.
- Facilitar o acesso às informações para auxiliar o trabalho dos colegas.

Relacionamento Interpessoal

Interagir com as pessoas de forma empática e respeitosa, mesmo em situações adversas, mantendo um ambiente organizacional agradável e estimulador.

- Ser cortês com os colegas de trabalho.
- Ter equilíbrio emocional em situações adversas, tratando as pessoas de forma respeitosa.
- Tratar as pessoas sem distinção, independente do nível hierárquico.
- Facilitar o diálogo e a interação entre as pessoas.
- Respeitar a opinião dos outros.

Flexibilidade

Adaptar-se às mudanças e às necessidades emergentes. Rever postura mediante situações e fatos. Rever opinião/conceitos mediante argumentações convincentes.

- Ter postura flexível quando sua idéia não é a que prevalece.
- Aceitar opiniões e sugestões de mudanças que contribuam para a melhoria de produtos, serviços ou processos.
- Ter predisposição para executar tarefas que são solicitadas para a realização de objetivos organizacionais específicos.
- Ser flexível para implantar mudanças necessárias.

Perguntas sobre o Mapeamento de Competências

Quantos indicadores e competências devem ser identificados?

Não há um número de indicadores necessários para se chegar, obrigatoriamente. Deve-se, sim, usar o bom senso, pois ter uma competência com apenas um indicador pode significar que se tem algo incompleto. Nesse caso, pense: "Será que esse indicador não deveria ou poderia ser associado à outra competência?".

De forma geral, o número máximo de indicadores deve ficar na casa de dez, no limite de 15 indicadores por competência. Mais do que isso, deve ser pensado se não há como resumir esses indicadores, certificando-se de que não haja realmente uma duplicidade do indicador, com outras palavras.

Quanto ao limite de competências, como dito no Capítulo 2, também não há um número mínimo ou máximo, mas seria muito interessante utilizar também entre 10 ou até 15 competências.

Um número muito interessante e bom de se trabalhar é de 8 a 10 competências com 8 a 10 indicadores em média para cada uma delas, o que daria de 80 a 100 indicadores.

Se sua lista de indicadores estiver maior do que isso, faça um esforço e aguce sua capacidade de resumo, pois, certamente, você encontrará o que resumir.

Tenho um indicador que serve para duas competências. A qual delas devo associá-lo?

A apenas uma delas. Cada indicador deve aparecer uma só vez. É totalmente compreensível que um indicador realmente caia bem em mais de uma competência, mas não podemos associá-lo a mais de uma. Para decidir em qual competência será associada ou em qualquer outro tipo de divergência na associação de um indicador, utilize sempre o recurso de analisar o **MVVE** – **M**issão, **V**isão, **V**alores e **E**stratégia da empresa. Ele será um bom referencial.

Senti a falta de uma competência que não foi apresentada na lista anterior.

É comum em alguns casos sentir essa falta sim, e isso tem uma fácil explicação: cada empresa precisa de um rol específico de competências de acordo com seu **MVVE**.

Por exemplo, bom humor não precisa ser, obrigatoriamente, uma competência, aliás muitos consultores e até autores não gostam ou admitem que essa possa vir a ser sequer chamada de competência. Mas se a empresa em questão acredita na importância e na necessidade de destacar esta como uma competência, reforçada pela identificação de indícios em seu **MVVE**, não há problema algum. O que não devemos é sair criando competência sem qualquer critério. Bom senso é a palavra em questão: se os indicadores que utilizariam a tal competência bom humor, por exemplo, acomodam-se em Relacionamento Interpessoal ou Comunicação, não há necessidade de criar uma nova competência. Lembre-se sempre de que a resposta estará no **MVVE** da empresa.

Das competências apresentadas anteriormente, existe duplicidade. Senti a necessidade de unir algumas competências.

Esse caso é o oposto da questão anterior. Em algumas situações, de acordo com o **MVVE** da empresa, não é possível ver uma competência sem a outra. Geralmente, isso acontece em competências muito próximas, como, por exemplo, Organização e Planejamento ou Negociação e Persuasão. Pode ser que elas não estejam separadas e sejam uma única competência para sua empresa. Não há problema algum nisso. Apenas use esse recurso com critério e se foque no **MVVE** da empresa.

Como agir se a empresa já possuir as competências Organizacionais mapeadas ou definidas pela matriz?

Algumas empresas, geralmente multinacionais ou com várias filiais, possuem as competências definidas ou determinadas, mas nem sempre existe a definição/compreensão do que essas competências significam ou, em alguns casos, elas não retratam a realidade de uma filial, o que é mais comum do que se imagina. Isso porque a cultura e a estratégia de negócio de uma Matriz Alemã ou Japonesa, por exemplo, certamente são bem diferentes da realidade de uma filial Brasileira. Em muitos casos, a diferença acontece até mesmo dentro do Brasil, pois a cultura do Norte do país é diferente da do Sudeste ou da do Sul.

Nesse caso, é possível a aplicação do Inventário Comportamental, porém, no momento da associação dos indicadores às competências, utilize as competências definidas pela matriz e não uma lista livre de competências como a apresentada anteriormente.

Pode ser que alguns indicadores até fiquem mais bem acomodados em outras competências, mas isso não prejudica o resultado final do processo de Gestão por Competências, pois, em uma avaliação com foco em competências, a base da avaliação são os indicadores e não os títulos das competências. No Capítulo 7, que trata da avaliação, será possível visualizar e compreender melhor essa questão na apresentação das "Melhores e Menores Médias da Avaliação".

Mas se você estiver fazendo o mapeamento de competências para a matriz ou uma unidade piloto e pretende disponibilizar as competências ali apuradas para as demais filiais, tente obter o envolvimento do pessoal das filiais na coleta dos indicadores, para que tanto os indicadores apurados quanto suas competências representem realmente a necessidade da organização.

Sugestão para agilizar etapas 3 e 4

Para efeito de aprendizado, separamos a Consolidação dos Indicadores de Competências da etapa da Associação das Competências aos Indicadores. Mas existe uma técnica muito simples para facilitar essa etapa.

Utilizando os recursos de uma planilha eletrônica, como o Excel ou outra similar, ao ler a frase que o colaborador registrou na folha do **Gosto/Não Gosto/O Ideal Seria** e transformá-la no indicador, você já pode registrar na planilha. No entanto, antes disso, você deve certificar-se de que aquele indicador ainda não tenha sido lançado.

Para organizar os indicadores dentro dessa planilha, você deve ter duas colunas: a primeira seria um grupo de idéias ou frases, que, na realidade, são as competências, e a segunda, o indicador já consolidado. Assim, deixando algumas linhas em branco para cada conjunto dessas competências, você pode ir construindo sua planilha, eliminando as folhas de respostas e automaticamente fazendo a associação da competência ao indicador.

Veja o exemplo da Figura 9 abaixo.

	A	B	C
1	Organização	Manter local de trabalho arrumado	
2		Manter documentos arquivados de forma criteriosa	
3			
4			
5			
6	Foco no Cliente	Dar retorno ao Cliente	
7		Apresentar soluções rápidas para os problemas do cliente	
8			
9			
10	Trabalho em Equipe	Auxiliar os colegas de trabalho	
11		Sentir-se responsável pelo crescimento da equipe	
12		Compartilhar conhecimentos adquiridos em cursos	
13			
14			
15			
16			
17	Criatividade	Trazer soluções para os problemas do dia-a-dia	
18		Trazer soluções quando faltam recursos para um projeto	
19		Ter sempre uma alternativa para os problemas	
20			

Figura 9 – Exemplo de Planilha para etapas 3 e 4

Resultado: Competências Organizacionais definidas

Nessa etapa do processo, chegamos a um rol de competências e seus respectivos indicadores. Cada competência pode ter um número diferente de indicadores, não há problema algum. O importante é que essas Competências apuradas são as Competências Organizacionais.

Perceba que essas competências foram visualizadas naturalmente e não definidas, impostas ou "supostamente" eleitas. Foram criteriosamente identificadas e possuem a visão de toda a organização. Toda a organização sim, pois daí a importância de eleger colaboradores de todas as funções, e de cada função ter uma boa amostragem. Isso porque o resultado construído pelos próprios colaboradores traduz os comportamentos que a organização precisa ter para obter sucesso, inclusive com a visão de diretores e lideranças da empresa, que também participaram e contribuíram através do **Gosto/Não Gosto/O ideal Seria**.

Os indicadores da coluna **Gosto** transformaram-se em indicadores admiráveis. Os indicadores da coluna **Não Gosto** transformaram-se em indicadores que, certamente, na avaliação com foco em competências, serão acusados da necessidade de correção imediata através de treinamentos ou planos de ação, ao passo que os da coluna **O Ideal Seria** são um reforço da necessidade do desenvolvimento.

O Inventário Comportamental é um processo participativo, onde todos podem apresentar a realidade do que acontece lá no cantinho de sua mesa de trabalho, ainda que ninguém note, fazendo com que informações importantes aflorem para que possam ser identificadas e trabalhadas. Justamente por isso faz a diferença para a organização e para o cliente.

Antes de fechar o assunto das Competências Organizacionais e serem dadas como definidas, é interessante a apresentação de mais uma etapa, a **Validação**.

5. Validação

Veja um exemplo do resultado das etapas 1, 2, 3 e 4, sem mencionar os indicadores de cada competência. Temos as Competências Organizacionais definidas na Tabela 6.

Tabela 6 – Definição das Competências Organizacionais

Competência	Total de Indicadores Apurados
Liderança	8
Foco em Resultados	12
Criatividade	7
Foco no Cliente	4
Proatividade	9
Empreendedorismo	4
Organização e Planejamento	5
Comunicação	8

Segundo o Inventário Comportamental, nada mais é Foco no Cliente para essa empresa além dos quatro indicadores apurados. É aí que se faz necessária essa etapa de validação, que consiste no processo de validar o resultado obtido juntamente com a direção da empresa e/ou do comitê eleito para a implantação do projeto de Gestão por Competências.

Para isso, a primeira coisa a ser feita é ter em mãos o famoso **MVVE** e também a relação completa dos indicadores e suas competências. Então, é feita a primeira análise questionando a direção ou o comitê, que está a frente do projeto, se com essas competências eles atingirão a plenitude do MVVE.

Podemos ter duas situações: que as competências atendem a necessidade e perspectiva da organização – **MVVE**, ou, logo de início, perceber a ausência de alguma competência importante, como, por exemplo, Visão Sistêmica.

Primeiramente, precisa ficar claro se Visão Sistêmica é um desejo ou realmente uma necessidade da empresa, visualizada pela direção ou pelo comitê de implantação, pois não foram percebidos indicadores dessa competência dentro da organização.

Mais uma vez, quem tem a resposta se é apenas um desejo ou necessidade é o **MVVE**. Se for apenas um desejo, é preciso analisar se a direção ou o comitê não estão agindo simplesmente pela emoção de sua definição com palavras tão bonitas. Se for, pode ser afirmado que essa competência não é necessária para a organização.

Mas se for uma necessidade da organização, isso indica que seus colaboradores, inclusive os que ocupam cargos estratégicos, não possuem a visão dessa necessidade, pois foram eles quem responderam o **Gosto/Não Gosto/O Ideal Seria**. Isso pode significar o motivo pelo qual a empresa possa não atingir os resultados de que precisa.

Nesse caso, o que deve ser feito é a inclusão da competência no rol das competências da organização e a discussão e o levantamento de indicadores que expressem essa competência para a organização. E entenda nas entrelinhas que seria interessante pensar em ações que ajudem a promover e a conscientizar os colaboradores dessa necessidade, pois certamente elas serão indicadas na Avaliação com Foco em Competências.

Agora sim podemos olhar para nossa lista de competências e finalmente afirmar: Competências Organizacionais definidas.

Ainda na validação, podemos utilizar um recurso de peso dos indicadores chamado "Técnica da Importância do Indicador", que tem o objetivo de destacar um indicador especial. Mas, para facilitar a compreensão da metodologia e principalmente da matemática que envolve esse processo, trataremos desse assunto no Anexo I. Sua leitura deve ser feita somente após a apresentação de toda a metodologia, inclusive a da Avaliação com Foco em Competências.

Um erro a ser evitado

Quando alguns consultores ou analistas de RH aplicaram essa metodologia em suas empresas, ao apresentarem o resultado dessa etapa para mim, que estava acompanhando as implantações, notei que, com a melhor intenção de enriquecer o Inventário Comportamental, eles acrescentaram indicadores extraídos da literatura por conta própria. Ou seja, não utilizaram somente os indicadores construídos a partir da participação dos colaboradores na etapa da Coleta dos Indicadores. Claro que percebi isso até mesmo pela forma de construção dos indicadores, pois não era o padrão dos indicadores criados pelos colaboradores.

Não há mal algum em olhar para uma lista de indicadores da literatura e, eventualmente, até utilizar um desses indicadores. O problema está em inchar a lista dos indicadores de competências com indicadores não visualizados pelos colaboradores, desnecessários efetivamente ou até ampliá-los a tal ponto que deixem de ser indicadores e passem a ser procedimentos e quase um conteúdo programático de algum treinamento, de tão específicos que se tornam.

É natural do ser humano querer ser o melhor e ainda de qualquer empresa querer oferecer o melhor produto ou serviço e ter o melhor procedimento. Tanto que é difícil negar muitas vezes que um indicador desses que você encontra na literatura seja possível de ser negado para a organização, mesmo porque eles estão muito bem escritos, inclusive bonitos na construção da frase. Mas é importante lembrar que o Inventário Comportamental para Mapeamento de Competências utiliza uma metodologia que atua sob medida na necessidade de sua empresa, e acrescentar muitos desses indicadores pode transformar seu inventário de específico para um genérico e distanciá-lo da realidade de sua empresa. Esse é o erro a ser evitado.

Parte II – Identificando as Competências de cada Função

Agora que já possuímos as Competências Organizacionais e seus indicadores, temos a missão de identificar quais e quanto dessas competências são necessárias para cada função. Utilizando o exemplo da metáfora do copo d'água das competências, temos que dizer quanta água tem no copo. Considere, então, que a primeira etapa do processo totalizou as competências e a quantidade de indicadores de cada uma, conforme mostrado na Tabela 7.

Tabela 7 – Competências Organizacionais

Competência	Total de Indicadores Apurados
Liderança	8
Foco em Resultados	12
Criatividade	7
Foco no Cliente	4
Proatividade	9
Empreendedorismo	4
Organização e Planejamento	5
Comunicação	8

Temos oito competências com um total de 57 indicadores. Analisando uma competência, por exemplo Liderança, podemos afirmar que nada mais é liderança para a empresa do que os oito indicadores mapeados. Ou seja, o total dos indicadores da competência representa o copo cheio d'água, representa 100%. E assim para cada uma das competências.

Para identificar quais dessas competências são necessárias para cada função e o quanto é preciso, o superior de cada função vai receber uma lista para cada função com a relação de todos os indicadores apurados, no exemplo os 57 indicadores. Veja o exemplo desta lista na Tabela 8, notando que ela possui quatro colunas que serão explicadas.

Tabela 8 – Planilha de Mapeamento de Comportamentos

Planilha de Mapeamento de Comportamentos				
Função:				
Instruções: Analise cada comportamento e marque com um X a coluna que melhor representa a intensidade e a necessidade do comportamento para o melhor desempenho do profissional que executa a função acima.				
Comportamento	Muito Forte	Forte	Normal	Não se Aplica
Criar Estratégias que conquistem o cliente.				
Trazer idéias para desenvolver os produtos já existentes.				
Trazer soluções criativas para os problemas que parecem difíceis de resolver.				
Apresentar alternativas para melhor aproveitar os recursos orçamentários.				
Buscar alternativas de procedimento para as limitações técnicas do produto.				
Trazer soluções quando faltam recursos para um projeto.				
...	...	...	...	...

Assim, se na organização tiver 40 funções, serão 40 listas, e cada lista entregue para o superior imediato da função.

O superior da função irá analisar cada indicador e classificar a intensidade ou a necessidade de cada indicador como: **Muito Forte**, **Forte**, **Normal** ou **Não se Aplica**.

Os níveis **Muito Forte** e **Forte** são auto-explicativos e, portanto, deverão ser marcados na evidência da necessidade do comportamento em questão. Também auto-explicativo é o nível **Não se Aplica** que deverá ser marcado se o comportamento não for necessário para a Função. Já o **Normal** deverá ser marcado caso o comportamento em questão não sinalize nenhum destaque especial. Como se diz popularmente, não é nem frio nem quente, é "morno".

Para facilitar a compreensão, podemos substituir a nomenclatura "Normal" por "Pouco Necessário". Geralmente, esse termo é mais bem compreendido pelos gestores que irão preencher esse formulário.

Note que em momento algum é mencionado o termo competência, afinal competências não é nossa linguagem normal do dia-a-dia. Portanto, temos que oferecer uma linguagem que é compreendida pelos superiores das funções que farão essa etapa do processo; já os indicadores dessa lista, certamente, eles conhecem, pois foram eles que ajudaram a identificá-los.

Por isso, a importância em manter ao máximo a originalidade dos indicadores na hora da consolidação, como descrito na etapa 3 da primeira parte. Isso porque, mantendo a descrição ao máximo com os dizeres dos próprios colaboradores, a compreensão por eles será muito maior.

Estrategicamente, é importante uma reunião para a entrega dessas listas, que a partir de agora chamaremos de *Planilha de Mapeamento de Comportamentos da Função*. Nessa reunião que pode ser breve, aproximadamente 15 minutos, deve ser feita a conscientização do que esses colaboradores estarão fazendo e a importância da etapa, orientando o preenchimento e, principalmente, combinando uma data de entrega, que pode ser cerca de três dias. É muito útil recomendar a consulta das Atribuições da Função. Enquanto a orientação do **MVVE** contribui para a identificação das competências organizacionais, as Atribuições da Função contribuem para a identificação das Competências da Função.

Assim, teremos uma planilha preenchida como ilustra a Tabela 9.

Com as Planilhas de Mapeamento em mãos, já preenchidas, dá-se início ao processo de determinação matemática do nível de competência para cada função.

Tabela 9 – Planilha de Mapeamento de Comportamentos

Planilha de Mapeamento de Comportamentos				
Função: Analista de RH				
Instruções: Analise cada comportamento e marque com um X a coluna que melhor representa a intensidade e a necessidade do comportamento para o melhor desempenho do profissional que executa a função acima.				
Comportamento	Muito Forte	Forte	Normal	Não se Aplica
Criar Estratégias que conquistem o cliente.	X			
Trazer idéias para desenvolver os produtos já existentes.				X
Trazer soluções criativas para os problemas que parecem difíceis de resolver.		X		
Apresentar alternativas para melhor aproveitar os recursos orçamentários.			X	
Buscar alternativas de procedimento para as limitações técnicas do produto.		X		
Trazer soluções quando faltam recursos para um projeto.		X		
...				

Como dissemos, no exemplo de Liderança com oito indicadores, esses oito indicadores significam 100% da Liderança de que a empresa precisa. Mas, em Gestão por Competências, a escala para mensurar as competências não é em percentual. Normalmente, é utilizada uma escala em pontos que variam de 0 a 5 e que chamamos de Nível de Competências. Algumas empresas utilizam outras escalas, como, por exemplo, de 0 a 4, de 0 a 10 etc.

Compreendo que a melhor escala a ser utilizada para Gestão por Competências é a escala de 0 a 5, por não ter alternativa central, não ser curta nem longa. No meu quarto livro, *Feedback para Resultados na Gestão por Competências pela Avaliação 360°*, publicado por esta mesma editora, eu apresento uma série de reflexões sobre escalas, inclusive com os problemas gerados pela utilização da escala evolutiva, infelizmente muito utilizada pelas empresas. Se o leitor quiser aprofundar-se nesse assunto, fica a recomendação.

Portanto, irei utilizar a escala de 0 a 5 (Figura 10) para os exemplos deste livro, embora a Metodologia do Inventário Comportamental possa ser aplicada com outras escalas.

Assim, podemos afirmar que 100% de uma determinada competência equivalem ao nível 5 da escala.

Escala do nível de Competências

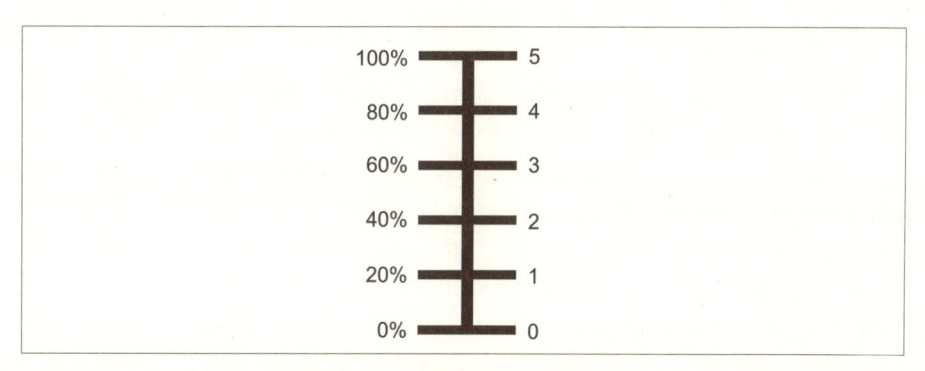

Figura 10 – Comparação da Escala de Percentual com o Nível de Competências

Portanto, se dividirmos o Nível Máximo da escala do Nível de Competências pela quantidade de indicadores de uma determinada competência, saberemos quantos pontos vale cada indicador nesta escala. Veja a fórmula:

$$\text{Peso Indicador} = \frac{\text{Nível Máximo da Escala}}{\text{Quantidade de Indicadores da Competência}}$$

Vamos aplicar na prática o exemplo das competências mapeadas que estamos utilizando, mostrado na Tabela 10.

Tabela 10 – Peso de cada indicador

Competência	Nível Máximo	Quantidade de Indicadores	Peso de cada Indicador
Liderança	5	8	0,625
Foco em Resultados	5	12	0,416
Criatividade	5	7	0,714
Foco no Cliente	5	4	1,25
Proatividade	5	9	0,555
Empreendedorismo	5	4	1,25
Organização e Planejamento	5	5	1
Comunicação	5	8	0,625

Reforço

O Nível máximo sempre será 5, pois representa 100% da competência, na utilização da escala de 0 a 5.

Agora que já sabemos qual é o peso de cada indicador e também como já possuímos as respostas da Planilha de Mapeamento de Comportamentos, podemos finalmente calcular o Nível de cada Competência da Função.

O procedimento que será detalhado deve ser aplicado função por função e para cada uma das competências. Devem ser considerados os indicadores de comportamentos marcados como **Forte** ou **Muito Forte** na planilha de Mapeamento de Comportamento da Função. Já os marcados como **Normal** e **Não se Aplica** serão desprezados por não expressarem necessidade evidente.

Calculando

Temos 8 indicadores que representam a Competência Liderança. Já vimos como calcular o Peso de cada indicador, que nesse caso vale 0,625. Se desses oito indicadores quatro foram marcados como **Muito Forte** ou **Forte** para uma determinada função, podemos afirmar que essa função precisa de nível 2,5 da Competência Liderança.

A fórmula matemática do **Nível de Competências da Função**, que chamaremos de **NCF**, é:

$$NCF = \frac{\text{Nível Máximo da Escala}}{\text{Quantidade de Indicadores da Competência}} \times \text{Quantidade de Indicadores Marcados como } \textit{Muito Forte} \text{ ou } \textit{Forte} \text{ Para a Função}$$

Veja outros exemplos apresentados na Tabela 11.

Tabela 11 – Nível de Competências da Função

Competência	Nível Máximo	Qtde. Indicadores	Peso de cada Indicador	Indicadores Marcados como "Muito Forte" ou "Forte"	NCF*
Liderança	5	8	0,625	4	**2,5**
Foco em Resultados	5	12	0,416	4	**1,7**
Criatividade	5	7	0,714	5	**3,6**
Foco no Cliente	5	4	1,25	2	**2,5**
Proatividade	5	9	0,555	8	**4,4**
Empreendedorismo	5	4	1,25	4	**5,0**
Organização e Planejamento	5	5	1	4	**4,0**
Comunicação	5	8	0,625	6	**3,8**

*Valores arredondados para uma casa decimal.

Agora, podemos afirmar de forma precisa e *comprovada matematicamente* quanta água tem no copo (Figura 11).

E não é apenas para mostrar um número, mas sabemos *do que aquela quantidade de água que está no copo é composta*, que são os indicadores marcados como **Muito Forte** e **Forte**.

> Agora podemos afirmar de forma precisa e c   a da
> a e a   ca e   e quanta água tem no copo.
>
> E não é apenas para mostrar um n mero, mas sabemos
> d   e a e a   a dade de   a   e es   c
> c   s a, que são os indicadores marcados como "Muito
> Forte" e "Forte".

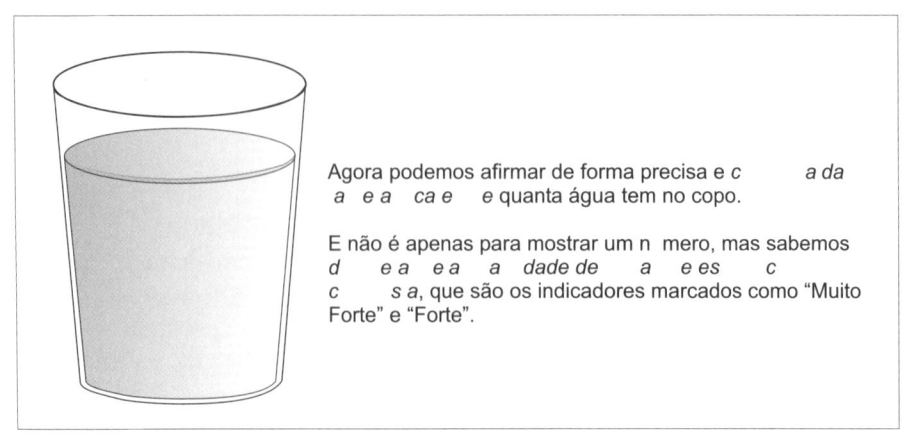

Figura 11 – Metáfora do Nível de Competências

Validação

Repetindo essa operação para cada uma das funções, ao término teremos dados para gerar gráficos como o apresentado na Figura 12, um para cada uma das funções.

Competências da Função X

Liderança	2,5
Foco em Resultados	1,7
Criatividade	3,6
Foco no Cliente	2,5
Proatividade	4,4
Empreendedorismo	5
Organização e Planejamento	4
Comunicação	3,8

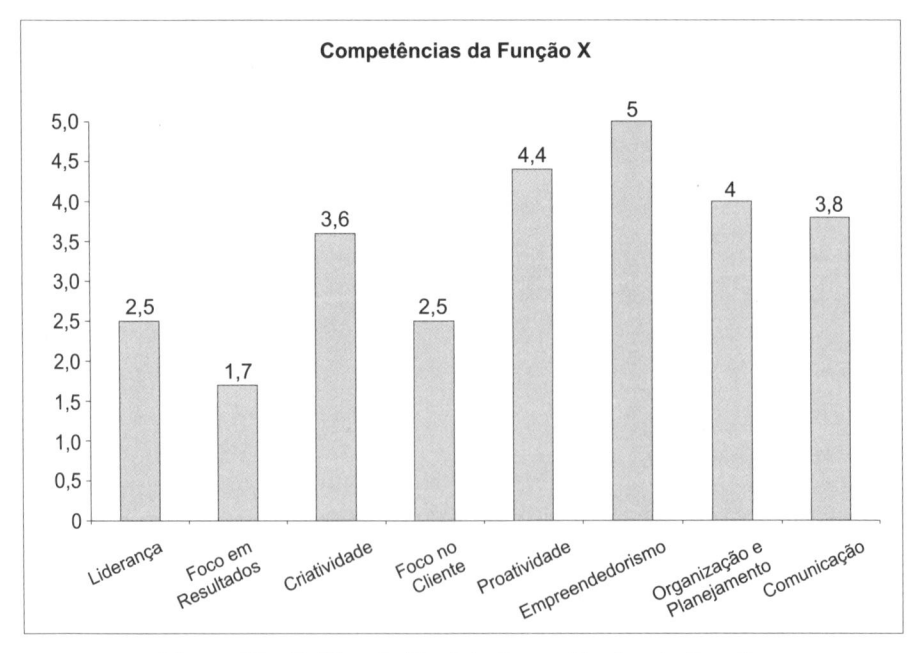

Figura 12 – Gráfico do Nível de Competências da Função

Os exemplos aqui utilizados que chegaram aos níveis de competências para cada função apresentados no gráfico são fictícios, e propositalmente geramos uma situação que pode ser visualizada no gráfico acima que deve ser analisada com muita atenção, apesar de sua ocorrência não ser tão freqüente.

É no mínimo estranho essa função que possui níveis altos de empreendedorismo e proatividade e o nível de foco em resultados relativamente baixo, de forma desproporcional. De certa forma, essas competências andam próximas. Claro que não expusemos qual seria a função, mas, mesmo assim, parece estranho. Assim como na identificação das Competências Organizacionais, onde foi necessária uma reunião de validação, passar as informações do nível de cada competência para gráficos tem o mesmo objetivo de validação. A única diferença é que agora se centra na visão das funções, permitindo que eventuais distorções possam ser nitidamente visualizadas pelo gráfico, o que possibilita ações para que sejam revisadas.

Pode ter acontecido um erro de interpretação do superior da função que respondeu à Planilha de Mapeamento de Comportamento ou que ele não estivesse devidamente preparado. Nesse caso, uma reunião de consenso com o superior da função, geralmente, resolve o problema. Mas se o problema estiver justamente na pessoa que estiver respondendo à Planilha de Mapeamento, uma alternativa seria que outras pessoas relacionadas a esta função também respondessem à Planilha de Mapeamento de Comportamento. Da comparação dos resultados, ou pela média entre elas, é possível chegar a um consenso dos indicadores corretos e necessários para a função. Recomenda-se também a consulta das Atribuições da Função, pois é ela quem dará rumo na identificação das Competências da Função.

Outro problema, bem mais comum que o anterior, é ter funções que não precisam de humanos, mas sim de super-heróis. Isso porque, segundo o resultado da Planilha de Mapeamento de Comportamento respondida pelo superior da função, o "pobre coitado" do colaborador que ocupar aquela função terá que ser excelente em tudo, ter nível 5 em quase todas as competências, e naquela que não for nível 5 deverá ser 4,99. Estou exagerando em meu exemplo, mas é um fato bem comum.

É natural que uma pessoa mais conscienciosa, concentrada, introvertida não tenha as mesmas características que uma pessoa da área de eventos, por exemplo, que é criativa, expansiva, falante etc. O mesmo acontece em competências, e por isso não existe um super-homem ou uma mulher-maravilha para desempenhar as funções.

Nesse caso, a solução é rever e analisar a Planilha de Mapeamento de Comportamento juntamente com quem respondeu. Se não houver consenso, utilize o mesmo recurso de pedir para que outras pessoas ligadas à função também respondam, extraindo outras visões sobre a função e também a consulta nas Atribuições da Função.

Curiosidade

Existem casos onde os níveis de competências de cargos hierarquicamente inferiores são maiores do que os de cargos superiores. Um exemplo comum é a comparação de alguns Gerentes com Diretores, Supervisores com Gerentes, e, no caso da pequena e média empresa, comparando as competências do proprietário da empresa com outras funções, dependendo do tipo de negócio. Essa situação é normal, pois os indicadores de Competência identificados pelo Inventário Comportamental são específicos da empresa e retratam seu funcionamento, inclusive da área operacional onde muitos indicadores têm sua origem. Esses indicadores operacionais, geralmente, não são associados às funções de níveis mais elevados, o que justifica essa situação.

Portanto, não é espantoso que isso ocorra, mas é claro que, em caso de dúvidas, a consulta das Atribuições da Função pode ser útil.

Por fim, podem existir funções que não precisam de todas as competências da organização. Certamente, são funções específicas e geralmente operacionais.

Importante

É bom salientar que em todos os exemplos citados anteriormente, onde foram sugeridas as consultas das Atribuições da Função, esta deve acontecer no sentido de rever e orientar os indicadores de competências selecionados na Planilha de Mapeamento de Comportamentos da Função, e não para alterar o nível da função simplesmente ou aleatoriamente.

Uma vez revisados os indicadores selecionados na Planilha de Mapeamento, o cálculo do **NCF** – **N**ível de **C**ompetências para a **F**unção – deve ser refeito.

Como opção, em vez de entregar a Planilha de Mapeamento dos Comportamentos somente para o superior da função, pode ser realizado um trabalho conjunto com um representante da função em questão, o que transforma essa etapa em um trabalho participativo.

A importância do papel da consultoria

Através de minha consultoria, a Leme Consultoria (www.lemeconsultoria.com.br), tenho realizado diversos trabalhos de implantação e supervisão de implantação de Gestão por Competências. O Capítulo 10 traz um *case* muito interessante de uma empresa de Biotecnologia onde fiz a implantação, inclusive ele foi a base de estudo de um trabalho apresentado na FGV – Fundação Getúlio Vargas, que tinha como objetivo a mensuração dos Resultados Financeiros e no Clima Organizacional com a implantação de um sistema de Gestão por Competências. Vale a pena conferir. Esse exemplo serve para ilustrar a importância da participação de uma consultoria no processo de implantação de Gestão por Competências.

A Metodologia do Inventário Comportamental para Mapeamento de Competências foi elaborada com o objetivo de tornar acessível a identificação das competências e que ela possa ser implementada dentro das organizações, utilizando os recursos da própria empresa. E isso é fato e possível.

Porém, a utilização dos serviços de consultorias para auxiliar na implantação é interessante, pois esse auxílio pode recair em questões onde houver dúvidas. Além disso, e, principalmente, por ter uma visão isenta e de fora da empresa, a consultoria é capaz de mostrar caminhos e fazer os colaboradores à frente do projeto enxergarem situações e alternativas, o que evita que a implantação tenha um rumo equivocado.

O apoio de uma consultoria, principalmente no processo das validações, tanto das competências organizacionais quanto nas competências de cada função, é saudável devido à sua isenção.

Claro que o papel da consultoria na etapa de mapeamento das competências passa a ser outro, não o de executor, mas o de orientador, de técnico, de apoio, de *coach*, exceto se o cliente desejar que a consultoria execute todo o trabalho por não dispor de tempo para isso. Nesse caso, a consultoria passa a ter um produto a mais para oferecer aos seus clientes.

Contudo, essa metodologia não diminui ou tira as possibilidades de prestação de serviços das consultorias e, inclusive, de ganhos financeiros. Pelo contrário, por ser mais acessível economicamente e mais rápida para a implantação, permite que sejam identificadas as necessidades de treinamento e de orientação na montagem de plano de ação para os colaboradores de forma específica e objetiva. Com isso, os resultados dos treinamentos com foco em competências serão notados e comprovados, tendo como resultado a satisfação dos clientes, o que significa mais oportunidades de negócio.

Também o papel do consultor externo será fundamental no processo de *feedback* das avaliações com foco em competências, afinal o RH da própria empresa não ficará à vontade em dar *feedback* dessa amplitude para alguns cargos dentro da organização, como, por exemplo, para seus superiores. Já o consultor é isento e não tem a preocupação de ter seu emprego em jogo.

CAPÍTULO 6

Avaliação com Foco em Competências Utilizando o Resultado do Inventário Comportamental

Competências Organizacionais identificadas e Competências de cada função definidas. Já sabemos do que a função necessita e agora precisamos identificar quais competências possuem os colaboradores que desenvolvem a função e quanto, para que finalmente possamos visualizar o *gap* do colaborador em relação à função.

É nessa etapa que entra a avaliação dos colaboradores, mas não a avaliação tradicional como é aplicada em muitas empresas, mas sim a Avaliação com Foco em Competências, que fará a mensuração de forma específica e sob medida.

Lembrando que estamos tratando das Competências Comportamentais e retomando a definição já apresentada de Scott B. Parry citada no Capítulo 2 (as competências "afetam parte considerável da atividade de alguém", "se relacionam com seu desempenho" e principalmente "podem ser medidas segundo padrões preestabelecidos"), nossa necessidade, então, é ter um padrão para essa mensuração.

Com a aplicação da Metodologia do Inventário Comportamental para Mapeamento das Competências, esse padrão preestabelecido já existe, está elaborado e pronto, como um terno sob medida, afinal ele nos dá os Indicadores de Competência da Organização, que é o tal "padrão preestabelecido" mencionado como necessário. Resta-nos, agora, mensurar se os colaboradores têm ou não esses indicadores e, conseqüentemente, saberemos se eles têm ou não as competências e ainda o quanto dessas competências eles possuem, como no já citado exemplo do copo d'água. Mas com uma diferença: neste momento, estaremos focando o colaborador e não mais a função.

Se temos o padrão de comportamentos necessário (o padrão preestabelecido, segundo Parry), se sabemos quais os comportamentos necessários para a função (comportamentos marcados como Muito Forte e Forte) e recorrendo à definição de comportamentos apresentado no Capítulo 2, onde comportamento é o conjunto das reações que podem ser observadas em um indivíduo, temos que a base da avaliação comportamental é a observação das pessoas que se relacionam com o colaborador a ser avaliado.

Ao contrário da tradicional Avaliação de Desempenho aplicada por muitas empresas que têm como base o "superior" avaliar o subordinado, a Avaliação com Foco em Competências abre o leque de possibilidades para termos mais pessoas contribuindo com suas observações sobre o mesmo colaborador. Isso permite que tenhamos a visão do próprio avaliado, de seus colegas da mesma função, dos clientes e dos fornecedores internos.

Mas não é o fato de ter mais de uma fonte de observação que caracteriza a Avaliação por Competências, e sim a que ela se propõe, que é identificar quais competências o avaliado possui através da observação direcionada dos indicadores de competência. Isso quer dizer que a Avaliação por Competências tem foco e objetivo definidos, ao contrário de avaliações generalistas, que é uma característica comum das avaliações de forma geral. Ter mais de uma fonte de observação, que são os avaliadores, é um recurso para garantir a qualidade da avaliação.

Tipos de avaliação

Resumidamente, existem as seguintes formas de avaliação:

- **auto-avaliação**, quando o avaliado faz sua própria avaliação;

- **avaliação superior**, quando somente o "chefe" avalia o subordinado; também é conhecida como avaliação 90°;

- **avaliação conjunta**, quando o "chefe" avalia o subordinado e este também faz sua auto-avaliação; também é conhecida como avaliação 180°;

- **avaliação de múltiplas fontes**, quando várias pessoas respondem à avaliação de um mesmo avaliado, como seus superiores, seus pares, clientes e fornecedores internos e inclusive o próprio avaliado; também é conhecida como avaliação 360°.

A grande vantagem de se ter mais de uma fonte de avaliação é que é possível eliminar distorções ou até mesmo discriminações que uma única fonte possa gerar. Por exemplo, na Auto-avaliação, o avaliado pode superestimar suas competências e isso pode não ser a realidade, ao passo que na Avaliação Superior o avaliador pode ter a intenção de prejudicar o avaliado. Com a Avaliação Conjunta, essas polaridades começam a ser eliminadas e já na Avaliação de Múltiplas Fontes ela pode ser claramente notada. Quanto mais avaliadores, melhor, pois a média que eles irão proporcionar será mais exata, mas é claro que os avaliadores devem ser pessoas ligadas ao avaliado, pois de nada adianta colocar um avaliador que não convive com o avaliado, pois se ele participar do grupo de avaliadores a média gerada estará distorcida.

Qualquer um dos tipos de avaliação anteriormente citados pode ser aplicado com Foco em Competências. Porém, o objetivo deste capítulo não é apresentar características, formalidades e técnicas de *feedback* ou de condução da aplicação da Avaliação com Foco em Competências, mas sim de como construir essa avaliação com base no Inventário Comportamental de forma consistente.

Meu quarto livro, *Feedback para Resultados na Gestão por Competências pela Avaliação 360°*, publicado por esta mesma editora, traz um aprofundamento da Avaliação, sobre *Feedback* (dar e receber) alinhado à estratégia da Gestão por Competências.

Vale também ressaltar que Avaliação de Competências não é Avaliação de Desempenho. Ao falar de Avaliação de Competências estamos falando de Competências Técnicas e Comportamentais apenas. Embora sejam fundamentais, não podemos sustentar um processo de gestão de pessoas apenas com as competências técnicas e comportamentais. É preciso ampliar essa avaliação para o que eu chamo de Avaliação de Desempenho com Foco em Competências, que é composta por quatro perspectivas básicas: técnica, comportamental, resultados e complexidade. Caso queira se aprofundar nesse assunto, esse é o tema de meu segundo livro, *Avaliação de Desempenho com Foco em Competência – A Base para a Remuneração por Competências*, também publicado por esta mesma editora.

Aqui trataremos da ferramenta de Avaliação de Competências propriamente dita, mais especificamente a Avaliação de Competências Comportamental. A Avaliação de Competências Técnicas será tratada no Capítulo 8.

Mãos à obra

No exemplo utilizado no Capítulo 5, do Inventário Comportamental, chegamos às Competências Organizacionais e sua quantidade de Indicadores de Competências demonstrados na Tabela 12.

Tabela 12 – Competências Organizacionais

Competência	Quantidade de Indicadores
Liderança	8
Foco em Resultados	12
Criatividade	7
Foco no Cliente	4
Proatividade	9
Empreendedorismo	4
Organização e Planejamento	5
Comunicação	8

Por exemplo, em criatividade os sete indicadores são:

1. criar estratégias que conquistem o cliente;
2. trazer idéias para desenvolver os produtos já existentes;
3. trazer soluções criativas para os problemas que parecem difíceis de resolver;

4. apresentar alternativas para melhor aproveitar os recursos orçamentários;
5. buscar alternativas de procedimento para as limitações técnicas do produto;
6. trazer soluções quando faltam recursos para um projeto;
7. ter sempre uma alternativa para os problemas ou sugestões.

Construção da avaliação com foco em Competências

Para construir a Avaliação com Foco em Competências, basta *transformar o Indicador em uma Pergunta*. Veja o exemplo a seguir.

Indicador

Criar Estratégias que conquistem o cliente?

Pergunta

Cria Estratégias que conquistem o cliente?

Assim, teríamos, abaixo, os indicadores convertidos em perguntas para a avaliação.

- **Cria** Estratégias que conquistem o cliente?
- **Traz** idéias para desenvolver os produtos já existentes?
- **Traz** soluções criativas para os problemas que parecem difíceis de resolver?
- **Apresenta** alternativas para melhor aproveitar os recursos orçamentários?
- **Busca** alternativas de procedimento para as limitações técnicas do produto?
- **Traz** soluções quando faltam recursos para um projeto?
- **Tem** sempre uma alternativa para os problemas ou sugestões?

Tabela 13 – Modelo de Avaliação Comportamental

Avaliação Comportamental

Avaliado:

Avaliador:

Instruções: Analise cada situação apresentada abaixo e marque com um X a coluna que melhor identifica a freqüência com que o Avaliado apresenta seus comportamentos.

Situação	Todas as vezes	Muitas Vezes	Com freqüência	Poucas Vezes	Raramente	Nunca
Cria estratégias que conquistem o cliente?						
Traz idéias para desenvolver os produtos já existentes?						
Traz soluções criativas para os problemas que parecem difíceis de resolver?						
Apresenta alternativas para melhor aproveitar os recursos orçamentários?						
Busca alternativas de procedimento para as limitações técnicas do produto?						
Traz soluções quando faltam recursos para um projeto?						
...	...	...	...	...	...	...

Essa operação feita com todos os indicadores proporcionará o questionário para ser aplicada a avaliação. Colocando essas perguntas em uma planilha como mostrado na página anterior, teremos o formulário da avaliação pronto.

Está feita a parte "intelectual" do processo de avaliação com foco em competências. O formulário da avaliação não expressa competências, e sim indicadores, afinal competências não é nossa linguagem natural. As perguntas da mesma competência podem ser colocadas todas juntas, o que facilita, em tese, o raciocínio do avaliador, ou mesmo a utilização de forma aleatória.

Comparado com o formato tradicional de preparo de uma avaliação desse tipo, onde é necessário um consultor experiente que analisará as competências da organização através do **MMVE** e chegar a um questionário de avaliação que pode não retratar exatamente a visão ou a forma de expressão da organização, essa metodologia denota muita eficiência, rapidez, foco e precisão. Todo o processo intelectual de criação é substituído por um processo de condução de extração dos indicadores de competência feito pelos próprios colaboradores e, certamente, em uma linguagem compreendida por eles.

Aplicação da avaliação

Formulário preparado. Agora é preciso saber qual dos tipos de avaliação será utilizado: Auto-avaliação, Superior, Conjunta ou Múltipla.

Como diz a expressão popular, não é aconselhável ir com "muita sede ao pote", ou seja, se sua empresa não possui a cultura de avaliação, partir logo para uma Avaliação 360° pode não ser a melhor escolha, a não ser que seja feito um grande trabalho de conscientização, de dar e receber *feedback*, pois realmente requer muito cuidado na aplicação.

Claro que o melhor resultado é da Avaliação 360°, mas, se sua empresa não tiver a cultura ou os condutores do projeto de implantação não se sentirem seguros a respeito, uma excelente solução é a Avaliação Conjunta, o que já evita um pouco as distorções. Isso planta a semente do *feedback*, o que possibilita na próxima avaliação utilizar a 360°. Próxima sim, pois a avaliação e o *feedback* dentro das empresas não devem acontecer uma vez por ano. Claro que não é possível aplicar todo esse processo todo mês, mas pode-se dar *feedback* a todo momento. Isso ajuda a "adubar" e a "regar" a semente do *feedback*, vital para a sobrevivência de qualquer organização, ainda mais na Gestão por Competências.

Partindo para a avaliação de múltiplas fontes, não se esqueça de que todos os avaliadores devem obrigatoriamente manter relacionamento com o avaliado. Essa observação é muito importante, principalmente para gerentes e gestores centralizadores que, segundo sua opinião, mantêm relacionamento com todos, da mesma forma. Claro que um gerente mantém relacionamento, se não ele não seria gerente, mas é preciso refletir se ele é o superior imediato que mantém realmente o relacionamento, que acompanha cada passo do avaliado. Muitas vezes, um encarregado é mais indicado para avaliar um colaborador do que o gerente. Nesse caso, o gerente é quem deve avaliar o tal encarregado. Mas tudo isso deve ser visto e analisado com muito critério, para que o processo de avaliação não entre na subjetividade.

Definidos o formato de Avaliação e os Avaliados e Avaliadores, deve ocorrer a entrega dos formulários para a coleta, que pode ser a tradicional em papel ou informatizada. A vantagem da coleta informatizada é que, além de facilitar a apuração do resultado, é possível aplicá-la de forma bem mais fácil para os colaboradores que não ficam dentro da organização e que participarão do processo de avaliação. Também nessa etapa, assim como em cada etapa anterior, é fundamental a Conscientização dos colaboradores. É importante explicar que, apesar de ser uma avaliação identificada, o resultado será sigiloso, no caso da Avaliação 360°, além de apresentar e explicar o formulário.

É importante, ainda, determinar um prazo razoável para que os colaboradores respondam à avaliação e orientá-los que devem dedicar tempo para essa avaliação; não convém deixar para respondê-la na última hora. É sempre bom lembrar aos colaboradores que o quanto antes eles responderem, mais cedo estarão disponíveis para realizarem suas tarefas.

A avaliação é um processo que pode parecer burocrático para alguns colaboradores, mas é fundamental para a organização. É assim que se planta a cultura da avaliação.

Como apurar

De posse dos resultados da avaliação, teremos respostas do estilo apresentado na Tabela 13.

As opções que o avaliador tem para identificar a freqüência com que o avaliado demonstra cada comportamento são:

- **todas as vezes;**
- **muitas vezes;**
- **com freqüência;**
- **poucas vezes;**
- **raramente;**
- **nunca.**

Na realidade, essa escala está pontuando cada um dos indicadores de competência que o colaborador expressa através de seus comportamentos. Ao contrário do formulário de identificação dos comportamentos necessários para a função, onde as colunas **Muito Forte** e **Forte** identificavam a necessidade ou não da existência daquele indicador na função, ao avaliar o colaborador precisamos identificar em qual nível ele possui aquele indicador, o nível que ele tem desenvolvido. Cada indicador está representado em uma escala de 0 a 5, onde 5 é 100%, ou seja, o colaborador expressa muito bem o indicador, passando pelos níveis até chegar ao nível 0, que identifica que o colaborador não possui nenhum indício daquele indicador.

É exatamente o mesmo raciocínio desenvolvido e apresentado na escala das competências, representado na Figura 10 do Capítulo 5.

Fica mais uma vez a ressalva de que a escala aqui utilizada varia de 0 a 5. A utilização de outras escalas de mensuração requer a aplicação de outra distribuição das colunas na planilha de avaliação.

Tabela 14 – Modelo de Avaliação Comportamental

Avaliação Comportamental

Avaliado: Elsimar Gonçalves

Avaliador: Daniel Rigonatto

Instruções: Analise cada situação apresentada abaixo e marque com um X a coluna que melhor identifica a freqüência com que o Avaliado apresenta seus comportamentos.

Situação	Todas as Vezes	Muitas Vezes	Com Freqüência	Poucas Vezes	Raramente	Nunca
Cria estratégias que conquistem o cliente?			X			
Traz idéias para desenvolver os produtos já existentes?		X				
Traz soluções criativas para os problemas que parecem difíceis de resolver?		X				
Apresenta alternativas para melhor aproveitar os recursos orçamentários?	X					
Busca alternativas de procedimento para as limitações técnicas do produto?				X		
Traz soluções quando faltam recursos para um projeto?		X				
...	...	...	...	...	...	...

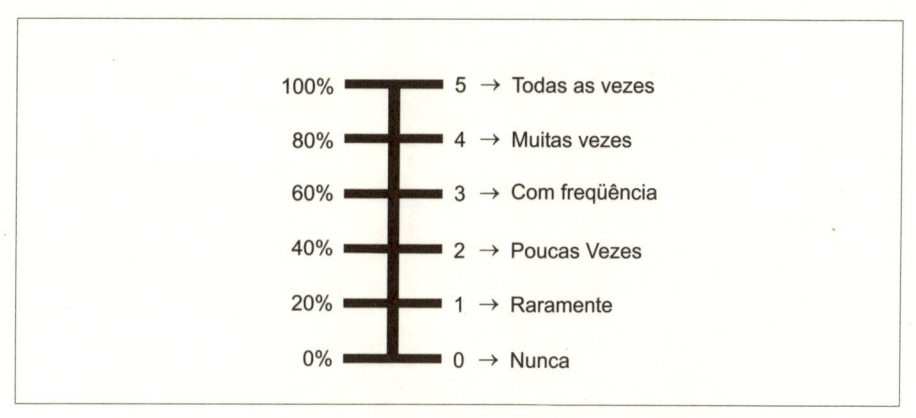

```
100% ────┬──── 5 → Todas as vezes
 80% ────┼──── 4 → Muitas vezes
 60% ────┼──── 3 → Com freqüência
 40% ────┼──── 2 → Poucas Vezes
 20% ────┼──── 1 → Raramente
  0% ────┴──── 0 → Nunca
```

Figura 13 – Comparação da Escala de Percentual
com o Nível do Indicador de Competências

A utilização da Figura 13 na conscientização dos colaboradores antes do início da coleta das avaliações é indicada e importante para que os avaliadores escolham a alternativa correta e seja minimizada ao máximo a subjetividade da avaliação. Inclusive pode estar impressa no cabeçalho ou nas instruções da planilha de avaliação.

A fórmula matemática

O cálculo do Nível de Competências do Colaborador é a Média apurada pela avaliação, representada pela fórmula abaixo, onde a sigla **NCC** significa **N**ível de **C**ompetência do **C**olaborador.

$$NCC = \frac{\text{Soma dos Pontos da Avaliação}}{\text{Quantidade de Indicadores da Competência}}$$

Na prática

Veja o exemplo da Competência que estamos utilizando, com sete indicadores, onde foram obtidos os resultados registrados na Tabela 15.

Tabela 15 – Nível de Competências do Colaborador

Opções ⇒	Todas as Vezes	Muitas Vezes	Com Freqüência	Poucas Vezes	Raramente	Nunca
Pontos Equivalentes ⇒	5	4	3	2	1	0
Indicador 1	X					
Indicador 2		X				
Indicador 3		X				
Indicador 4			X			
Indicador 5				X		
Indicador 6		X				
Indicador 7			X			

A soma dos pontos obtidos na avaliação é 25, pois são cinco pontos do primeiro indicador, 12 dos indicadores 2, 3 e 6, com mais seis dos indicadores 4 e 7 e mais dois do indicador 5.

Assim, aplicando a fórmula temos:

$$NCC = \frac{25}{7} = 3,6*$$

Ou seja, o colaborador possui a competência em questão com nível 3,6. Essa fórmula deve ser aplicada para cada conjunto de indicadores de competências com a finalidade de obter o NCC de todas as competências do colaborador.

Um detalhe importante que influencia na confecção do formulário de avaliação e na análise do colaborador

Antes de partirmos para a análise dos resultados obtidos, é necessário definir um conceito que identifica em qual nível será conduzido o projeto de Gestão por competências. Na realidade, essa definição é uma decisão a ser tomada no início do projeto, mas somente nesse momento vou apresentá-la devido ao desen-

---
* Valor arredondado para uma casa decimal.

volvimento do raciocínio, conhecimentos, conceitos e exemplos que agora podemos utilizar. A definição é se a análise do nível de competências do colaborador irá mensurar:

- **nível de Competências do Colaborador para a Função;**
- **nível de Competências do Colaborador para a Organização.**

Isso faz muita diferença no destino da organização e no plano de desenvolvimento do colaborador que será adotado após a avaliação. Veja as diferenças mencionadas a seguir.

Quando avaliamos um colaborador com todos os indicadores da organização, ou seja, a planilha de avaliação possui todos os indicadores de competência convertidos em perguntas, estamos fazendo uma avaliação de sua competência **em relação à organização**.

Por outro lado, se prepararmos um formulário de avaliação somente com os indicadores de competências associados à função através da planilha de Mapeamento de Comportamento, onde o superior da função escolheu os indicadores de competência destacados como **Muito Forte** ou **Forte**, estaremos fazendo uma avaliação **em relação à função**.

A apuração da avaliação, a análise dos resultados e o plano de desenvolvimento devem, obrigatoriamente, considerar esses critérios. Isso porque a função que o colaborador desempenha pode não precisar de todos os indicadores daquela competência, o que influencia o resultado.

Para demonstrar essa diferença, vamos recorrer ao exemplo que nos acompanha desde o Capítulo 5, quando calculávamos o **NCF** (**N**ível de **C**ompetências para a **F**unção), mostrado na Tabela 16.

Tabela 16 – Nível de Competências para a Função

Competência	Nível Máximo	Quantidade de Indicadores	Peso de cada Indicador	Indicadores Marcados como "Muito Forte" ou "Forte"	NCF
Criatividade	5	7	0,714	5	3,6

Temos a competência Criatividade, com sete indicadores e uma função que precisa de cinco desses indicadores, que foram marcados como **Muito Forte** ou **Forte** pelo superior da função. Calculando o **NCF**, a função precisa de nível 3,6 desta competência.

Utilizando o exemplo da avaliação apresentado há pouco, viu-se que o colaborador possui a competência criatividade nível 3,6 também. Comparando somente o nível de competências que a função exige com o apurado do colaborador, poderíamos dizer que este colaborador é perfeito para a função que exerce, e portanto não possui *gap*: **ERRADO!!!**

A avaliação feita calculou o **NCC** (**N**ível de **C**ompetências do **C**olaborador) **em relação à organização** e não em relação à função, afinal foram avaliados sete indicadores de competências do colaborador, e a função precisa de cinco indicadores.

Veja a Tabela 17 da avaliação do colaborador.

Tabela 17 – Avaliação do Colaborador em relação à Função

Opções ⇒	Todas as Vezes	Muitas Vezes	Com Freqüência	Poucas Vezes	Raramente	Nunca
Pontos Equivalentes ⇒	5	4	3	2	1	0
Indicador 1	x					
Indicador 2		X				
Indicador 3*		X				
Indicador 4*			X			
Indicador 5*				X		
Indicador 6*		X				
Indicador 7*			X			

*Indicadores necessários para a função.

Considerando que os indicadores marcados como **Muito Forte** e **Forte** para a função foram os indicadores 3, 4, 5, 6 e 7, o nível de competências do colaborador **em relação à função é 2,3** e não 3,6.

Isso porque para o cálculo no nível de competências do colaborador **em relação à função** devem ser somados apenas os pontos obtidos na avaliação **dos indicadores necessários para a função**, e os demais, desprezados.

No exemplo, a soma dos pontos obtidos na avaliação desses indicadores é 16, pois são oito pontos dos indicadores 3 e 6, com mais seis dos indicadores 4 e 7 e mais dois do indicador 5. Dividindo o total dessa soma dos pontos pelo número de indicadores da competência, temos o nível de competências do colaborador em relação à função. Veja que a divisão realizada da soma foi por sete, que são os indicadores da competência e não por cinco que são os indicadores que a função precisa da competência em questão.

Assim, a fórmula matemática do ***NCC em relação à função***, que chamaremos de **NCCf** é:

$$\text{NCCf} = \frac{\text{Soma dos Pontos da Avaliação dos Indicadores Necessários Para a Função}}{\text{Quantidade de Indicadores da Competência}}$$

Em nosso exemplo, aplicando a fórmula:

$$\text{NCCf} = \frac{16}{7} = 2{,}3^*$$

Passando as fórmulas a limpo

Para diferenciar as fórmulas, vamos utilizar, então, a seguinte nomenclatura e fórmulas:

NCCo = Nível de Competências do Colaborador em relação à Organização

$$\text{NCCo} = \frac{\text{Soma dos Pontos da Avaliação de Todos os Indicadores}}{\text{Quantidade de Indicadores da Competência}}$$

---

* Valor arredondado para uma casa decimal.

NCCf = Nível de Competências do Colaborador em relação à Função

$$NCCf = \frac{\text{Soma dos Pontos da Avaliação Somente dos Indicadores Necessários Para a Função}}{\text{Quantidade de Indicadores da Competência}}$$

Qual utilizar, NCCo ou NNCf?

Depende do objetivo da implantação de Gestão por Competências em sua empresa.

NCCf tem como foco o pleno desenvolvimento da função, busca a excelência, e todos os trabalhos de treinamento e desenvolvimento serão focados para diminuir e zerar os *gaps* dos colaboradores, sempre em relação à função.

NCCo tem como foco o desenvolvimento do colaborador, não apenas em relação à função, visando, também, ao desenvolvimento desse colaborador e, inclusive, ao aproveitamento dele em outras funções dentro da empresa.

O ideal é ter as duas visões, e o exemplo que utilizamos da avaliação acima pode comprovar. Vamos analisá-lo.

Se fosse utilizado somente o **NCCf**, saberíamos o quanto exatamente o colaborador precisaria desenvolver para suprir seu *gap*, uma vez que sua função pede naquela competência 3,6 e ele possui somente 2,3. Isso é excelente para corrigir essa deficiência, e toda a ação de correção desse *gap* será voltada especificamente para o colaborador, afinal pela avaliação identificamos que o colaborador possui o *Indicador 5* como mais deficiente, pois teve nota 2 na avaliação.

Se fosse utilizado somente o **NCCo**, a deficiência que o colaborador possui na função estaria mascarada, pois teríamos a falsa impressão de que ele não teria *gap*, afinal ele foi avaliado com nível 3,6 na competência em questão e sua função solicita o mesmo nível. Já sabemos que é um equívoco fazer a leitura dessa maneira.

Por outro lado, o **NCCo** identifica qualidades no colaborador e, pensando em um plano de desenvolvimento, retenção dos talentos e principalmente aproveitamento dos talentos de cada colaborador, os indicadores de competência 1 e 2 não podem ser desprezados, afinal esses indicadores tiveram ótima avaliação, níveis 5 e 4, média 4,5. Esse colaborador tem fortíssimas características desses indicadores, que para o **NCCf** não significam nada, mas para a organização podem fazer muita diferença.

É preciso ter consciência de que, ao utilizar o **NCCf**, o nível determinado para a função será o limite a que o colaborador pode chegar: o teto. Exemplificando, se a função pede nível 3,6; mesmo que a avaliação do colaborador tenha nível 5 em cada um dos sete indicadores, o **NCCf** do colaborador será 3,6. Parece um desperdício de talentos, não é?

Esse desperdício muitas vezes é o que desmotiva o colaborador. Em contrapartida, aproveitar esses talentos, além de motivá-lo, pode trazer muitos benefícios para a organização, inclusive financeiros. É comum encontrarmos nas pesquisas de clima, via de regra, que não é o salário que está em primeiro lugar nas ações de melhoria que as empresas precisam fazer. O desafio e a satisfação do crescimento e reconhecimento são a força que impulsiona as pessoas e cria laços profissionais, que são laços de retenção, de desenvolvimento e de fortalecimento.

Se por um lado **NCCf** pode causar esse tal desperdício e o **NCCo** não oferece a leitura exata do que a função precisa, voltamos à pergunta inicial de qual utilizar, mas com uma diferença: sabemos a eficiência e a aplicação de cada uma delas.

O ideal é realmente ter as duas visões, mas sempre com bom senso, como demonstrado nas seguintes sugestões:

- Não utilize somente o **NCCo**. Se tiver que utilizar apenas um deles, utilize o **NCCf**, pois você não deve correr o risco de ter leitura e interpretação errôneas da necessidade de treinamento.

- Se sua empresa estiver iniciando no processo de desenvolvimento e avaliação, no primeiro momento utilize o **NCCf**. Ele é o primeiro passo e proporcionará o preparo para o segundo passo, que é o **NCCo**.

- Outra possibilidade é utilizar a aplicação do **NCCf** para as funções de nível operacional e o **NCCo** junto com o **NCCf** para as funções gerenciais e estratégicas.

- Sempre que for utilizar o **NCCo**, utilize-o, obrigatoriamente, junto com o **NCCf**.

Em termos do formulário de avaliação, utilizar o formulário completo, com todos os indicadores, permite a análise do **NCCo** e também a do **NCCf**. Mas se a estratégia utilizada for aplicar o **NCCf**, mesmo que seja somente para as funções operacionais, utilize um formulário apenas com os indicadores de competência da função, afinal você evitará que os avaliadores percam tempo analisando indicadores que serão desprezados.

Recurso da pergunta inversa

Um recurso que pode ser utilizado na construção do formulário é utilizar a Pergunta Inversa. Esse recurso é interessante para forçar a leitura e a atenção do avaliador. Veja como funciona a seguir.

- **Pergunta Normal: Dá retorno ao cliente?** Se o avaliador marcar a primeira coluna, **Todas as Vezes**, isso indica que o avaliado tem a atitude desejada e, conseqüentemente, receberá cinco pontos neste indicador.

- **Pergunta Inversa: Deixa Cliente sem retorno?** A pergunta tem a origem do mesmo indicador de competência, porém foi elaborada de forma que inverta a escala de respostas, ou seja, se o avaliador marcar a primeira coluna, **Todas as Vezes**, essa é uma atitude que não é desejada segundo o indicador de competências. Assim, o avaliado terá nível 0 neste indicador, e receberia nível máximo se o avaliado escolhesse a última coluna, **Nunca**, afinal é isso que o indicador deseja, que Nunca o cliente fique sem retorno.

Portanto, a pergunta inversa inverte a relação de pontos, conforme a Tabela 18 que demonstra a comparação entre a opção da avaliação, os pontos equivalentes e o percentual representativo da competência.

Se for utilizar esse recurso, cuidado para não fazer a apuração errada no nível de competência do colaborador em função da inversão da pontuação.

Tabela 18 – Tabela para recurso da pergunta inversa

Opção na Avaliação	Pergunta Normal		Pergunta Inversa	
	em %	em Pontos	em %	em Pontos
Todas as vezes	100	5	0	0
Muitas Vezes	80	4	20	1
Com Freqüência	60	3	40	2
Poucas Vezes	40	2	60	3
Raramente	20	1	80	4
Nunca	0	0	100	5

Esse recurso pode ser utilizado em indicadores estratégicos e de forma esporádica e aleatória no formulário de avaliação. Porém fica a ressalva da importância em comentar esse recurso e explicá-lo muito bem durante a conscientização antes da aplicação da avaliação.

Em caso de dúvida ou receio de interpretação em função do nível cultural ou mesmo de escolaridade dos avaliadores, não utilize esse recurso; ou ainda, para as funções que julgar ter problemas, desenvolva um formulário à parte.

NCC com mais de um avaliador

Nas avaliações do tipo Auto-avaliação e Avaliação Superior, existe apenas um avaliador. Já nos demais tipos de avaliações, temos mais que um, chegando até a Avaliação 360º. Nesta, podemos ter diversos pares, diversos clientes ou fornecedores e até mesmo diversos superiores avaliando um único colaborador.

Então, para calcular o **NCC**, independente de ser o **NNCf**, o **NNCo** ou ainda outro tipo de avaliação, utilize a seqüência apresentada a seguir.

Classifique cada avaliador nos seguintes grupos:

- auto-avaliação;
- superiores;
- pares;

- subordinados;
- clientes ou fornecedores internos.

Ao apurar o resultado da avaliação, separe todas as avaliações de um mesmo avaliado e agrupe as avaliações de acordo com os grupos de avaliadores estipulados acima.

O **NCC** deve ser calculado para cada grupo de avaliadores, para que possa ser percebido como o avaliado é visto por cada grupo de avaliadores. Esses resultados devem ser colocados em um gráfico junto com a média geral dos avaliadores e o nível necessário para a função. Veja o exemplo que detalha em uma avaliação e o resultado obtido da análise de uma competência. Esse processo deverá ser repetido para cada uma das competências da avaliação.

Competência Avaliada: Criatividade

Número de Indicadores Totais: 7

Número de Indicadores da Função: 5

Grupo de Avaliadores e Número de Avaliações por Grupo

- Auto-avaliação: 1
- Superiores: 2
- Pares: 4
- Subordinados: 2
- Clientes ou fornecedores internos: 0
- Total de Avaliações: 9

Na Tabela 19 são mostrados os resultados obtidos na avaliação referente à Competência Criatividade.

Tabela 19 – Apontamento da Avaliação do Colaborador

Colaborador: Robson César Miguel

Apontamento da Avaliação Colaborador

	Avaliador	NCCo	NCCf	Média NCCo	Média NCCf
Auto-avaliação	Robson C. M.	3,6	2,3		
	Total do Grupo:	3,6	2,3	3,6	2,3
Superiores	Superior 1	4,3	3,0		
	Superior 2	3,9	2,7		
	Total do Grupo:	8,2	5,7	4,1	2,9
Pares	Par 1	4,4	3,1		
	Par 2	3,6	2,7		
	Par 3	3,9	2,9		
	Par 4	3,3	2,6		
	Total do Grupo:	15,2	11,3	3,8	2,8
Subordinados	Subordinado 1	4,6	3,3		
	Subordinado 2	3,9	2,9		
	Total do Grupo:	8,5	6,2	4,3	3,1
Média Geral	**Total Geral:**	35,5	25,5	**3,9**	**2,8**

Explicando a apuração:

O grupo de Auto-avaliação tem um único avaliador, que é o próprio avaliado, portanto foi executado o cálculo do **NCCo** e **NCCf** como já explicado e transcrito para a planilha.

Para os demais grupos, como, por exemplo, o grupo de Superiores, onde há mais de um avaliador, foram calculados o **NCCo** e o **NCCf** segundo as respostas de cada um dos avaliadores e também registrados na planilha.

Para calcular a média do grupo de avaliador, foram somados os níveis de **NCCo** e **NCCf** obtidos dos avaliadores. O resultado foi dividido pelo total de avaliadores do grupo.

Vejamos na prática o cálculo do NCCo

NCCo apurado pelo Superior 1 foi de 4,3 e pelo Superior 2, de 3,9. A soma desses níveis é 8,2. Dividindo o resultado dessa soma (8,2) pelo número de avaliadores do grupo (2), obtém-se a média do grupo, que nesse caso é 4,1.

Assim é calculada a média de cada grupo de avaliadores. Já a média geral é obtida somando-se os resultados obtidos na média de cada um dos grupos de avaliadores, inclusive a auto-avaliação, e dividindo pelo número de grupos de avaliadores. Acompanhe com o exemplo da média geral do **NCCo**: somando 3,6 do grupo de Auto-avaliação, 4,1 dos superiores, 3,8 dos pares e 4,3 dos subordinados, temos um total de 15,8. Como são quatro grupos de avaliadores, dividindo 15,8 por 4, o **NCCo** médio é 3,95, que na planilha foi transcrito por 3,9.

A importância dos múltiplos avaliadores

Li certa vez, mas infelizmente não me recordo onde, um autor afirmando que, na avaliação de múltiplas fontes, quanto mais gente, melhor. Claro que sem exageros, mas, na apuração, podemos identificar e justificar o motivo de tal afirmação que é: eliminar extremos.

Principalmente em comportamento, quando existe apenas um observador, pode haver algum engano, mas, quando há vários observadores que chegam à mesma conclusão, certamente, o resultado é consistente. Podemos notar isso na avaliação do grupo de avaliadores dos Pares, onde, na Tabela 19, o avaliador *Par 1* deu uma nota muito diferente dos demais na coluna **NCCf**, pois foi 3,1 dele contra 2,7, 2,9 e 2,6 dos demais, e, mesmo assim, a média do grupo ficou em 2,8.

Outro caso é o da Avaliação dos Superiores, aqui tanto para o **NCCf** (Figura 14) quanto para o **NCCo**, na qual apesar da diferente visão dos superiores a média chega a um nível aceitável. Mais uma vez, a média do grupo faz o nivelamento das avaliações.

Toda essa análise permite enxergar distorções que deverão ser consideradas e revistas, como, por exemplo, se um avaliador apresentar uma super ou subavaliação. Isso demonstrará claramente que ele quer prejudicar ou supostamente ajudar o avaliado. Nesse caso, é possível até o cancelamento de sua avaliação para cálculo do **NCC**.

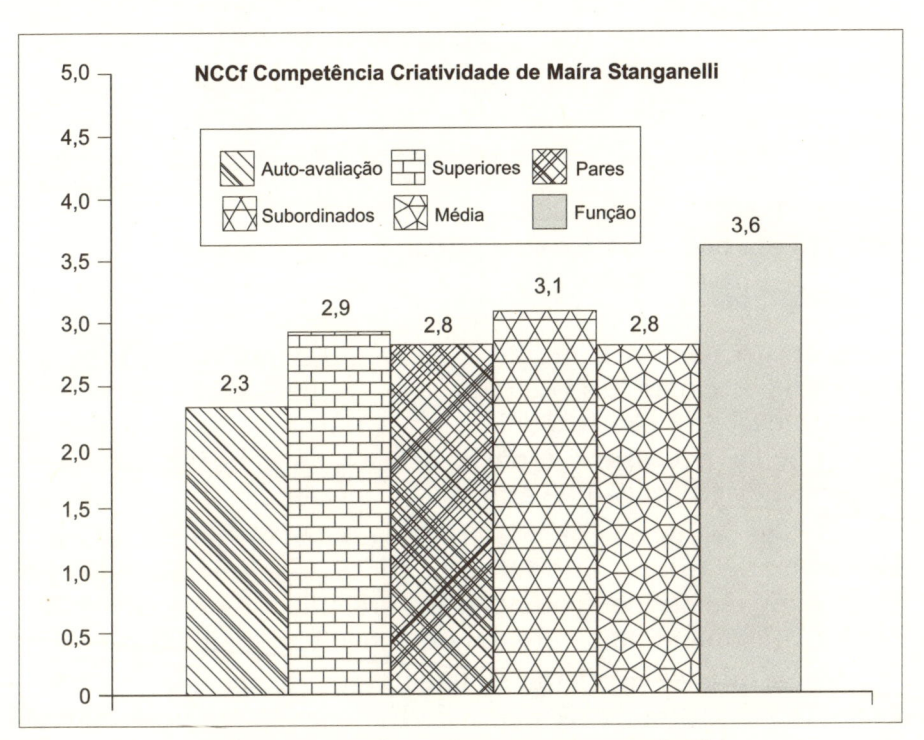

Figura 14 – Gráfico de Comparação da Avaliação do NCCf de uma Competência

Preparando os resultados

Agora é repetir esse processo para cada competência das avaliações do avaliado e transcrever os resultados para um gráfico (Figura 15).

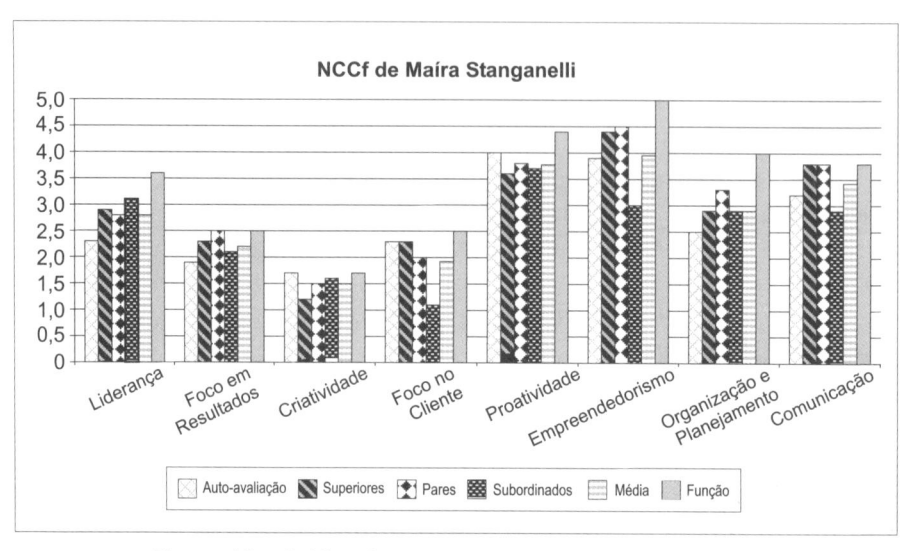

Figura 15 – Gráfico de comparação da avaliação do NCCf

Interpretação dos Resultados

Gráficos:

A apuração dos resultados não gera nenhum laudo mágico, portanto não espere isso da avaliação. O que ela faz é permitir a visualização das competências, e a interpretação pelo RH ou Gestor se faz necessária a partir dessas informações, daí a importância da utilização de gráficos ou planilhas.

Com os dados no gráfico, teremos a visão clara do que é preciso treinar e qual a prioridade, como é possível constatar no gráfico através das competências Empreendedorismo, Organização e Planejamento e Liderança que possuem maior *gap*.

Mas a análise não é tão simples assim. É necessário enxergar questões extremas de ponto de vista de grupos de avaliadores, como o super ou subjulgamento de uma competência, como já mencionado (Tabela 20).

Tabela 20 – Visualização da Avaliação

Auto-avaliação	Superiores	Pares	Subordinados	Média
1. Organização e Planejamento	1. Organização e Planejamento	1. Criatividade	1. Empreendedorismo	1. Organização e Planejamento
2. Empreendedorismo	2. Proatividade	2. Organização e Planejamento	2. Foco no Cliente	2. Empreendedorismo
3. Criatividade	3. Criatividade	3. Proatividade	3. Organização e Planejamento	3. Criatividade
4. Comunicação	4. Empreendedorismo	4. Empreendedorismo	4. Comunicação	4. Foco no Cliente
5. Liderança	5. Foco Resultado	5. Foco no Cliente	5. Proatividade	5. Proatividade
6. Proatividade	6. Liderança	6. Foco Resultado	6. Criatividade	6. Comunicação
7. Foco no Cliente	7. Foco no Cliente	7. Liderança	7. Foco Resultado	7. Liderança
8. Foco Resultado	8. Comunicação	8. Comunicação	8. Liderança	8. Foco Resultado

Prioridade de treinamento:

Identificar a prioridade de treinamento é importante, mas muito interessante é comparar a conclusão da prioridade de treinamento entre os grupos de avaliadores. Por exemplo, na Autoavaliação, a visão do avaliado é que ele precisa de mais Organização e Planejamento, o que é confirmado pela visão dos Superiores que também ficou como prioritária e nas primeiras posições dos pares e subordinados.

Existe também outra leitura na qual podemos afirmar que esse colaborador não se comunica da mesma forma com os grupos de avaliadores, pois para os superiores e pares essa é a última necessidade de treinamento; já para os seus subordinados é a quarta. Algo parecido também ocorre com Foco no Cliente e assim sucessivamente, pois pode haver polaridades e entrelinhas a serem analisadas.

Esse cálculo é feito competência por competência, subtraindo o **NCF** do **NCC** de cada competência, que traz um valor absoluto do *gap* como resultado. Então, com um ranking do maior para o menor *gap*, temos a prioridade de treinamento.

Menores médias:

Relembrando que tudo é mensurado por indicadores, um procedimento muito interessante é identificar quais os itens da avaliação em que o colaborador teve as menores médias. Esses itens são os indicadores de competência e isso possibilita trabalhar as deficiências apresentadas pelo colaborador sob medida, focando o treinamento e o desenvolvimento de forma precisa, de modo que se possam obter os resultados de treinamento mais rapidamente.

Para isso, é necessária uma interpretação analítica de cada avaliação, com o objetivo de ter um relatório no formato apresentado na Tabela 21.

O relatório apresenta, segundo a visão de cada grupo de avaliadores, a média obtida em cada uma das questões, que são os indicadores. No exemplo, foram listados os quatro indicadores pior avaliados, mas pode ser emitido com quantos itens se quiser analisar. Mas não adianta querer corrigir todos os indica-

Tabela 21 – Menores Médias da Avaliação

Menores Médias da Avaliação

Colaborador: **Marcelo Soave Lopes**

Auto-avaliação

Indicador	Média
Mantém local de trabalho organizado?	0,0
Contribui para o desenvolvimento de todos da equipe?	2,0
Monitora o desempenho constantemente para manter-se alinhado aos objetivos traçados?	2,0
Cumpre prazos e metas?	2,0

Superiores

Indicador	Média
Mantém local de trabalho organizado?	1,2
É objetivo ao expor suas idéias?	1,2
Traz soluções para os problemas do dia-a-dia?	2,4
Mantém registros e documentações atualizados sobre os procedimentos?	2,7

Pares

Indicador	Média
Mantém local de trabalho organizado?	1,3
Mantém registros e documentações atualizados sobre os procedimentos?	1,3
Cumpre prazos e metas?	1,6
Aceita a opinião dos outros com naturalidade quando não é a sua que prevalece?	2,2

Subordinados

Indicador	Média
Mantém local de trabalho organizado?	0,3
Cumpre prazos e metas?	1,1
Mantém registros e documentações atualizados sobre os procedimentos?	1.4
Mantém tranqüilidade em situações imprevistas?	2,2

dores simultaneamente, é necessário traçar uma evolução gradativa, porém constante.

A análise desse relatório é muito interessante, inclusive para o *feedback*. Na realidade, é possível identificar o que mais incomoda cada grupo de avaliadores, e se um indicador aparecer em mais de um grupo. É possível, ainda, tomar uma atitude para melhorar esse indicador. Isso é algo prioritário, pois é visto por todos.

Maiores médias:

O relatório das Maiores Médias é o oposto do item anterior, ou seja, quais os indicadores nos quais o colaborador foi mais bem avaliado. Esses indicadores devem ser elogiados no *feedback* da avaliação, valorizados e reconhecidos no dia-a-dia do profissional.

Conclusão

Terminar a apuração da avaliação é apenas o início dos trabalhos de *feedback* da avaliação e planejamento do desenvolvimento dos colaboradores. Se você estiver desenvolvendo os trabalhos com seus próprios recursos de pessoal de sua empresa, aqui deve ser considerada a possibilidade de trazer uma consultoria externar para auxiliá-lo. Isso para o *feedback* da avaliação, não o *feedback* do dia-a-dia, pois esse deve ser a todo instante, mas o da avaliação em si, é preciso conduzir o avaliado a uma reflexão e muitas vezes orientá-lo para que ele possa mudar sua forma de agir.

Orientar é algo que requer muita experiência, não que isso possa lhe faltar, mas, por estar dentro da empresa, pode ser que você esteja envolvido com os problemas. Vale dizer que esse processo requer isenção. Além disso, dar esse tipo de *feedback* de avaliação para seus superiores, certamente, poderá fazer com que você utilize uma estratégia cautelosa por ser um fato inibidor. Isso no processo de *feedback* de avaliação não é recomendado, perdendo o sentido do trabalho.

Uma opção para otimizar recursos, se necessário, é aplicar o *feedback* para colaboradores até um determinado nível hierárquico. É interessante que esse processo esteja sob supervisão de uma consultoria e que os condutores dos *feedbacks* dentro de sua empresa estejam muito bem preparados.

Tenha certeza de não fazer do processo de *feedback* um laboratório de experiências, pois um *feedback* de avaliação traz inúmeras surpresas e um processo bem feito trará sucesso para a organização. Já um deslize pode ser desastroso.

Reflita

Você ficaria à vontade se soubesse que uma pessoa não capacitada fosse "tentar" pilotar um avião com 200 passageiros, sendo você um deles, e sem saber se terá um "Céu de Brigadeiro" ou uma tempestade pela frente?

O avião é sua empresa, os passageiros são os colaboradores. Se o tempo estará bom ou ruim é a reação de cada colaborador durante o processo de *feedback*, e o *feedback* é o vôo nessa metáfora. Quem aplica o *feedback* é o piloto, que tem o objetivo de transportar a empresa de uma localidade para outra, que significa a situação atual da organização com *gaps* para o próximo destino, que deve ser uma localização mais evoluída, com menos *gaps*.

Não é necessário perguntar como deve ser o gabarito do piloto a conduzir essa empresa, pois, certamente, a conclusão é unânime: *o piloto precisa ter muitas horas de vôo.*

Como o objetivo deste livro é apresentar como construir a ferramenta de avaliação e apurar os resultados e não de aprofundar como interpretar esses resultados, julgo importante deixar a indicação de um livro muito interessante que apresenta um estudo e uma interpretação de uma avaliação 360°. O livro é *Feedback 360 – Uma ferramenta para o desenvolvimento pessoal e profissional*, de Eduardo Peixoto Rocha. Sem dúvida, irá agregar valor para auxiliar na interpretação dos resultados da avaliação.

Todo esse procedimento tem intuito didático. É claro que toda essa apuração é trabalhosa e, por isso, pode ser feita com auxílio de ferramentas informatizadas. Existem várias no mercado com diferentes metodologias, de diversos tipos e compatíveis com diversos recursos orçamentários. O Anexo VI traz um exemplo de um *software* que possui todos os recursos apresentados neste livro.

CAPÍTULO 7

Seleção por Competências: o Auxílio do Inventário Comportamental

Sem sombra de dúvida, a melhor forma de se contratar um novo colaborador para sua empresa é utilizar o processo de seleção por competências.

Seleção por competências é uma metodologia que permite identificar no candidato suas características comportamentais, ou seja, suas Competências Comportamentais.

Costumo dizer que todo o processo seletivo, naturalmente, é feito pela Seleção por Competências, no tocante às Competências Técnicas. Afinal, ao contratar um profissional, investigamos se ele realmente tem experiência em todos os requisitos técnicos que a função que irá exercer exige. Por exemplo, se conhece informática, um determinado equipamento, legislação, idiomas, procedimentos, enfim, características que, de certa maneira, estão escritas no currículo do candidato.

O interessante é que, ao identificar essas Competências Técnicas, normalmente o profissional é chamado para uma entrevista e nessa entrevista a pergunta é se ele conhece tal ferramenta e qual "*foi*" sua experiência com ela. Por exemplo, "O que você *desenvolveu* com a linguagem Tal", "Como você *desempenhava* tal tarefa", assim por diante.

Nunca fazemos uma pergunta do tipo: "Como você *faria* para desenvolver um sistema com a linguagem X ao invés da linguagem Y", ou ainda "Como você *falaria* em tal idioma", considerando que o candidato não conheça o idioma questionado e sim um outro qualquer.

Mas o que isso tem a ver com Seleção por Competências? Tudo, pois da mesma forma que é utilizada para aplicar a Seleção por Competências Técnicas (investigar o que o candidato realmente conhece, questionar experiências *vividas*, conhecimentos *adquiridos*; e, quando ainda não satisfeitos, ou se necessário, aplicar testes práticos) o procedimento para identificar a parte comportamental do candidato *deveria* ser o mesmo, mas, infelizmente, ainda não é na grande maioria dos processos de seleção.

Para investigar conhecimentos, usamos os verbos no passado, quer dizer, algo que realmente aconteceu, de que o candidato teve experiência. Para comportamento, o princípio é o mesmo: **deve ser feita uma pesquisa do passado**.

Isso significa que aquelas perguntas como "O que você faria se tivesse um conflito em sua equipe?" não servem para nada, a não ser para perder o tempo do selecionador e do candidato. Ora, o acesso à informação está aí para todos; candidatos são preparados para apresentar uma imagem impecável. É claro que uma resposta politicamente correta será proferida pelo candidato. Faria... sentiria... agiria... iria... ia... ia... ia..., é bonito, mas não funciona.

Portanto, é necessário investigar o passado: "Conte uma situação onde *houve* um conflito em sua empresa e como *foi* resolvido". Agora sim! Podemos comparar essa pergunta de Seleção por Competências Comportamentais com a pergunta feita para o candidato no processo técnico: "O que você *desenvolveu* com a linguagem Tal?".

Perguntas no passando investigando um comportamento já ocorrido. Isso não significa que o candidato irá agir da mesma forma, mas ele terá uma forte tendência a fazê-lo. Essa técnica de conduzir a entrevista investigando competências é chamada de "Entrevista Comportamental com Foco em Competências".

Podemos afirmar que a pergunta utilizada na seleção por competências "Conte uma situação onde *houve* um conflito em sua empresa e como *foi* resolvido" é na realidade um indicador de competências que foi transformado em uma pergunta para a Entrevista Comportamental com Foco em Competências.

É isso que quero apresentar neste capítulo, ou seja, apresentar uma metodologia para auxiliar na construção das perguntas para a entrevista comportamental com foco em competências.

Essa metodologia está pronta e já foi apresentada a você: o Inventário Comportamental para Mapeamento de Competências.

Já sabemos as competências de que a empresa precisa e temos quais as necessárias para cada função. Mais que isso, sabemos quais os indicadores necessários para cada função, que foram identificados como **Muito Forte** ou **Forte** pelo superior da função, quando recebeu a relação dos indicadores para o Mapeamento Comportamental da Função (Capítulo 5). Portanto, para cada indicador, basta elaborar perguntas abertas e feitas no passado (o verbo deve estar conjugado no passado) que investiguem o indicador de competência.

Perguntas abertas são aquelas onde o candidato terá que falar, expor um fato, não são perguntas tipo "sim", "não", "talvez". Você pode elaborar mais de uma pergunta para o mesmo indicador, com o objetivo de aplicar para diferentes funções, por exemplo.

Claro que em uma resposta do candidato você poderá notar não apenas um indicador de competência, mas vários. No entanto, elabore a pergunta com foco, de forma clara e objetiva, buscando a identificação de um indicador de competência. Veja alguns exemplos na Tabela 22.

Tabela 22 – Perguntas para a Entrevista Comportamental

Indicador	Cumprir prazos e metas.
Perguntas	Conte uma situação onde você não cumpriu um prazo de um projeto. Conte uma ocasião em que você não entregou os relatórios de fechamento mensal a tempo.

Indicador	Trazer idéias criativas para os problemas do dia-a-dia
Pergunta	Conte uma situação em que você apresentou uma excelente idéia para solucionar algum problema.

Indicador	Ter comportamento natural quando suas idéias não são as que prevalecem
Pergunta	Conte uma situação onde uma sugestão que você tenha apresentado não tenha sido aceita.

Como o Inventário Comportamental é elaborado sob medida, de acordo com a necessidade e a realidade de sua empresa, utilizar seus indicadores para construir a base das perguntas da entrevista comportamental com foco em competência junto com todas as técnicas e procedimentos que a metodologia de Seleção por Competências requer, possibilita grande assertividade na contratação de novos colaboradores.

Um novo colaborador entrará na empresa pré-avaliado, já com seu *gap* identificado. Você saberá o profissional que está contratando. Claro que não é fácil encontrar o profissional perfeito para o cargo com todas as competências e princípios necessários, e, para ser prático, geralmente ele não existe. Porém, Seleção por Competências tem o objetivo de apresentar não apenas tecnicamente, mas também comportamentalmente, a possibilidade de ser identificado o melhor candidato para o cargo. Isso é economia, pois o *turn over* será menor. Quanto mais próximo do cargo, menores serão os investimentos em treinamentos básicos, canalizando os recursos para treinamentos estratégicos e de desenvolvimento, em vez dos treinamentos com finalidade corretiva, além de uma série de outras vantagens.

Muito há por escrever sobre Seleção por Competências, pois é um assunto que certamente renderia não algumas páginas, mas sim alguns livros. Nosso objetivo aqui foi apresentar uma técnica para auxiliar na construção da base da metodologia que é a Entrevista Comportamental com Foco em Competência. Para se aprofundar no assunto Seleção por Competências, convido o leitor a conhecer meu terceiro livro *Seleção e Entrevista por Competências com o Inventário Comportamental – Guia Prático do Processo Seletivo para a redução da subjetividade e eficácia na Seleção*, publicado por esta mesma editora.

CAPÍTULO 8

Mapeamento e Avaliação de Competências Técnicas

Apesar de ser possível avaliar se um colaborador tem um determinado Conhecimento e, separadamente, também avaliar se ele tem Habilidade sobre esse conhecimento, o método aqui proposto concentra-se nas Competências Técnicas, ou seja, no CH do *CHA*, trabalhando juntos.

Por exemplo, o recurso de mala direta do Word é uma competência técnica e poderíamos fazer uma prova escrita solicitando que o avaliado explique como funciona esse recurso. Depois disso, poderíamos aplicar um teste prático para constatar se o colaborador sabe utilizar esse recurso na prática.

Fazendo isso, teríamos as avaliações do Conhecimento e da Habilidade distintas. Simples em teoria, mas impraticável no cotidiano das empresas, pois as organizações não dispõem do tempo necessário, ainda mais para avaliar tudo o que é competência técnica dentro de uma empresa.

A exceção fica por conta de alguns processos de chão de fábrica, por exemplo, onde existe uma exigência e um processo natural dessas avaliações distintas e mesmo em outras áreas dessas mesmas empresas, as avaliações do C e do H acontecem simultaneamente.

Isso não é algo ruim, mas algo que a demanda exige que seja feito dessa forma. É simples constatar esse fato se refletirmos quais as competências técnicas de área administrativa de uma empresa. E de uma empresa de tecnologia então, com a infinidade de *softwares* e *ferramentas* que mudam diariamente? Levaríamos uma vida para avaliar as competências técnicas e jamais seria possível concluir o trabalho. Portanto, essa é a justificativa da união do CH.

O que é e como identificar as Competências Técnicas de uma função de forma prática

A forma mais simples de explicar o que são competências técnicas é: são todas as palavras-chave que são procuradas nos currículos dos candidatos quando for aberta uma vaga da função em questão.

Por exemplo, inglês, ISO 9000, QS 14000, Word, Solda Mig, desenho técnico etc. Tudo isso são Competências Técnicas, pois são os conhecimentos e as habilidades que o colaborador precisa ter para desempenhar sua função.

Como mapear Competência Técnica

- Leitura das descrições da função atualizadas.
- Entrevista com o superior imediato da função e com colaboradores que executam a função.
- Formulários para coleta de dados.

O mais convencional é através da leitura das descrições atualizadas da função. A entrevista é menos utilizada por conta do custo do processo, porém pode ser utilizada para algumas funções estratégicas dentro da organização ou mesmo para apurar questões que não ficarem claras pelos outros métodos.

Os formulários para coleta de dados são uma alternativa se a empresa não tiver a descrição das funções atualizadas e poderão ser aproveitados para atualizar essas descrições.

Passo a passo de um processo de mapeamento de Competências Técnicas

Irei utilizar uma função operacional para facilitar o aprendizado, considerando também o método da Leitura das descrições atualizadas. O método utilizado pode ser empregado para qualquer função. Esse passo a passo é composto por 3 itens, sendo que o 1º passo terá a explicação dos níveis da escala técnica.

A. Defina uma tabela de mensuração para as competências técnicas. Essa tabela deverá ser a mesma para todas as funções e avaliação das competências técnicas dos colaboradores. Sugestão na Tabela 23.

Tabela 23 – Tabela para mensuração de Competências Técnicas

0	Não tem Conhecimento
1	Tem Conhecimento
2	Tem Conhecimento e Habilidade em Nível Básico
3	Tem Conhecimento e Habilidade em Nível Intermediário
4	Tem Conhecimento e Habilidade em Nível Avançado
5	É multiplicador

Explicação dos níveis da escala técnica sugerida

0 – Não tem Conhecimento

Esse nível não é utilizado para o nível da função, somente para o colaborador e indica que ele não possui a Competência solicitada sequer em nível de conhecimento. Ele não é utilizado pela função, pois se a função não precisa de uma determinada competência técnica ela não será listada. Não é necessário colocar na função todas as competências técnicas da organização e classificá-las com nível 0, porém o Requisito de Acesso da Competência Técnica pode ser nível 0.

1 – Tem Conhecimento

Esse caso ocorre quando a função precisa que o colaborador tenha, no mínimo, o conhecimento sobre uma competência técnica sem exigir dele a habilidade. Parece estranho, mas na realidade é algo muito comum para casos de colaboradores que fizeram carreira na empresa, saindo de uma função operacional e passaram para uma função gerencial. Nesse caso, por exemplo, o colaborador precisa conhecer os processos ou a operação de uma máquina e um dia ele era nível 2, 3, 4 ou mesmo 5 nesta competência, e ao assumir uma função gerencial ele não tem mais a prática para operar a máquina ou executar o processo, porém ele ainda possui o conhecimento sobre ele.

2 – Tem Conhecimento e Habilidade em Nível Básico

3 – Tem Conhecimento e Habilidade em Nível Intermediário

4 – Tem Conhecimento e Habilidade em Nível Avançado

Considero que as descrições dos níveis 2, 3 e 4 são auto-explicativas. Note que elas trazem o conceito da competência técnica, o CH do *CHA*.

Para facilitar a compreensão das pessoas ou evitar que elas confundam o termo Habilidade, uma solução é substituir pelo termo Prática.

5 – É Multiplicador

Indica a necessidade de ser um agente multiplicador da competência técnica referida. De forma oposta ao nível 0, esse nível é mais utilizado para se referir ao nível do colaborar e não da função. Em outras palavras, o nível da função geralmente vai até 4, salvo casos onde é fundamental que o colaborador que exerce a função precise ser um multiplicador da competência técnica em questão.

2. Partindo da leitura da descrição da função, segundo sua percepção e de acordo com as orientações acima, identifique as competências técnicas necessárias para a função e coloque-as em uma lista.

3. Entregue a lista para o superior imediato da função junto com a descrição da função e peça para que ele, primeiramente, faça a leitura e verifique se a interpretação das Competências Técnicas apresentadas na lista está correta ou se é preciso excluir, alterar ou acrescentar alguma.

A entrega da lista das competências junto com a descrição da função serve para que o superior que executar esse processo tenha uma referência em mãos, além de ser uma excelente oportunidade para que seja revista a descrição da função pelo superior.

Peça também que ele classifique cada competência técnica de acordo com a tabela que ficou determinada no passo 1, para a mensuração do nível de competência da função, bem como o nível mínimo necessário da competência para a contratação. Veja o modelo da lista na Tabela 24.

Ao receber a lista de volta com os respectivos níveis, você terá em mãos as competências técnicas necessárias para a função e seus respectivos níveis, que chamarei de NCTF – Nível de Competência Técnica da Função.

Tabela 24 – Lista para classificação das Competências Técnicas

Função: **Soldador de Produção**
Para a função acima, foram identificadas as seguintes Competências Técnicas. Por favor, classifique o nível necessário para cada uma de acordo com a tabela a seguir. Se necessário exclua ou inclua competências que não foram destacadas.

Nível	Descrição
0	Não ter Conhecimento
1	Ter Conhecimento
2	Ter Conhecimento e Prática Nível Básico
3	Ter Conhecimento e Prática Nível Intermediário
4	Ter Conhecimento e Prática Nível Avançado
5	Ser Multiplicador

Competência Técnica	Nível Necessário para a Função	Nível Necessário para a Contratação
Solda MIG		
Solda TIG		
Solda Eletrodo		
Desenho Técnico		
Ponte Rolante		
Símbolos de Solda		

Lembre-se de que os procedimentos possuem competências técnicas e que devem estar mapeados. Por exemplo, para a descrição de função de um Analista de Recrutamento e Seleção, é possível encontrar a seguinte tarefa:

"Recrutamento e seleção externo e interno".

Nos procedimentos para a realização dessa tarefa, podem contemplar as competências técnicas especificadas na Tabela 25.

Tabela 25 – Procedimentos para realização da tarefa

Competência Técnica	Justificativa*
Word	Para elaboração de laudos.
Grafologia	Considerando que a empresa aplique esse recurso para seleção.
Inglês	Considerando que o Analista faz entrevistas ou aplica testes em língua inglesa.
Sistema XYZ	Software de Banco de Currículos utilizado pela empresa.
Jogos e Dinâmicas de Grupo	Considerando que o Analista aplica Jogos ou Dinâmicas para o processo seletivo.

* A coluna justificativa não faz parte do mapeamento das Competências Técnicas. Ela foi utilizada apenas para esclarecimento ao leitor.

Importante

É fundamental que o RH caminhe alinhado com a Área da Qualidade, responsável por manter os procedimentos documentados, pois uma mudança de procedimento pode alterar as Competências Técnicas mapeadas para a função. O processo de atualização dos procedimentos deve passar, obrigatoriamente, por um procedimento de notificação do RH.

Avaliação das Competências de cada colaborador

Após a identificação do nível das Competências Técnicas necessárias para a função, o próximo passo é a Avaliação das Competências Técnicas dos colaboradores. Para isso, gere uma lista com as competências mapeadas para a função para cada colaborador e entregue para o avaliador. Veja o exemplo dessa lista na Tabela 26.

Tabela 26 – Avaliação das Competências Técnicas do Colaborador

Avaliado: **José Ribeiro**
Função: **Soldador de Produção**
Avaliador: **Carlos Nunes**

Para cada item em destaque, classifique o nível de conhecimento e prática do avaliado.

	Não tem Conhecimento	Tem Conhecimento	Tem Conhecimento e Prática em Nível Básico	Tem Conhecimento e Prática em Nível Intermediário	Tem Conhecimento e Prática em Nível Avançado	É Multiplicador
Solda MIG						
Solda TIG						
Solda Eletrodo						
Desenho Técnico						
Ponte Rolante						
Símbolos de Solda						

É possível utilizar mais de um avaliador para o mesmo avaliado, por exemplo, o superior imediato da função e o próprio avaliado, executando, assim, sua auto-avaliação.

Esse procedimento é sadio para a transparência e a redução da subjetividade do processo de avaliação, porém podem ocorrer eventuais divergências de avaliação em alguma competência técnica. Nesse caso, é preciso definir um critério de qual nível deve ser creditado ao colaborador, por exemplo, o do superior. O ideal é levar o item para uma avaliação conjunta, ou seja, juntos, avaliado e avaliador, entram em um consenso do nível a ser creditado ao colaborador.

Ao nível de Competência Técnica creditado ao colaborado irei chamar de NCTC, Nível de Competência Técnica do Colaborador.

Ao colocar lado a lado o NCTF e NCTC, é possível visualizar as necessidades de treinamento, o *gap* do colaborador (termo inglês que significa espaço ou lacuna) e ter argumentos para o *feedback* e plano de ação. Veja exemplo dessa comparação na Tabela 27.

Tabela 27 – Visualização das necessidades de treinamento do Colaborador

Avaliado: **José Ribeiro**
Função: **Soldador de Produção**

	NCTF	NCTC	Visualização do *gap*
Solda MIG	4	5	↑
Solda TIG	4	5	↑
Solda Eletrodo	3	2	↓
Desenho Técnico	2	5	↑
Ponte Rolante	3	4	↑
Símbolo de Solda	4	4	—

Legenda:
0 – Não tem Conhecimento
1 – Tem Conhecimento
2 – Tem Conhecimento e Prática Básico
3 – Tem Conhecimento e Prática Intermediário
4 – Tem Conhecimento e Prática Avançado
5 – É multiplicador

O processo de mapeamento de competências técnicas é mais simples que o comportamental. A dificuldade está na especificidade da especialização, podendo uma função ter inúmeras competências técnicas, diferentemente da parte comportamental, geralmente, com, no máximo, 15. De forma geral, minha recomendação é, em uma primeira avaliação técnica, não ser muito detalhista, pois isso pode travar o processo. É melhor ter um modelo que permita um refinamento em um próximo ciclo de avaliação do que ficar muito tempo parado por detalhes, mesmo porque as competências técnicas podem ser alteradas a cada novo processo ou procedimento implantado na empresa, e isso é muito comum de ocorrer.

Outro modelo de mapeamento de Competências Técnicas

O Anexo IV traz outro modelo de mapeamento técnico, também desenvolvido por mim. Apesar de ser mais preciso, o modelo é mais difícil de ser aplicado, pois é muito detalhista, mas vale o registro da informação.

CAPÍTULO 9

Treinamento e Desenvolvimento com Foco em Competências

Competências Organizacionais identificadas, Competências de cada Função determinadas, Colaboradores Avaliados: todos esses passos disponibilizam um precioso instrumento que é a identificação precisa do que deve ser treinado ou desenvolvido nos colaboradores.

Essa é a grande vantagem do Treinamento e Desenvolvimento com Foco em Competências, pois ele permite uma ação sob medida, como um procedimento cirúrgico, que é pessoal e único. Podemos afirmar que o Treinamento e o Desenvolvimento com Foco em Competências é como ministrar um remédio para trabalhar a causa do problema e não simplesmente um analgésico, que alivia a dor, mas que em breve não impede que os mesmos sintomas anteriores sejam novamente sentidos. Sem falar que, muitas vezes, pode ocorrer até uma situação pior, uma vez que o problema não foi resolvido, mas, apenas, mascarado.

Os procedimentos tradicionais de treinamento estão baseados no famoso **LNT** – **L**evantamento da **N**ecessidade de **T**reinamento, onde, geralmente, o superior do colaborador o analisa e informa para o RH quais os treinamentos de que ele necessita. Até aí tudo bem, parece ser uma forma como outra qualquer, mas o problema é que esse **LNT**, na maioria esmagadora das vezes, está baseado na teoria do "achismo" (eu acho que Fulano precisa de...) e não tem nenhuma base científica ou procedimento para tal indicação. Sem dizer do espírito de "jogar" com as pessoas e com a situação que é tomado por alguns maus superiores que "agradam" alguns colaboradores com treinamentos que não são necessários para a função por não terem a menor aplicação. Em contrapartida, não indicam um colaborador que precisa desenvolver ou até mesmo corrigir uma ineficiência simplesmente para prejudicá-lo. O grande prejuízo em ambos os casos é da empresa que permanece com *gaps* e necessidades de treinamentos.

É incrível, mas já conheci uma pessoa que estava fazendo um treinamento técnico que não tinha absolutamente nenhuma relação com a área em que atuava, mas como alguém da família estava montando um negócio próprio e ela mantinha um bom relacionamento com seu superior, ele encaixou esse colaborador em um treinamento exclusivamente de interesse pessoal. O pior de tudo é que o fez com os recursos financeiros da organização. Não se discute que uma situação como essa é absurda, mas pare, olhe para as empresas e reflita se não é exatamente isso que ocorre direta ou indiretamente. Quantas pessoas participam de um treinamento, mesmo dentro da própria empresa e esse treinamento não tem relação com sua atual função ou com o seu plano de desenvolvimento dentro das empresas?... "Ah!!!, mas eu tinha que cumprir as horas de treinamento que estão determinadas em nosso *Programa de Qualidade* e aproveitei esse treinamento ou essa palestra que era baratinha e coloquei o Fulano...". Como diria um italiano com todo seu sotaque característico: "Mas que belo programa de qualidade...". Não o programa de qualidade em si, mas sim o que estão fazendo com ele.

Esses são alguns exemplos de como "jogar dinheiro pelo ralo" em treinamentos que não servem para nada e não levam a lugar nenhum.

Mas o pior não é isso. Geralmente, é solicitado que seja comprovado o Retorno do Investimento em Treinamento. É isso mesmo, o famoso **ROI** (retorno dos investimentos). Sem rodeios, não é nada simples calcular o **ROI** de Treinamento, pois são inúmeras variáveis que contemplam esse assunto. No entanto, é necessário registrar que a primeira coisa a fazer por uma empresa que quer mensurar o **ROI**, sem sombra de dúvidas, é ter implantado em sua empresa Treinamento e Desenvolvimento com Foco em Competências. Isso porque a definição dos treinamentos a serem realizados deve ter critério e metodologia científica, o que é possível com tudo o que foi visto neste livro até agora.

Esse é o primeiro passo, pois ter um programa de Treinamento e Desenvolvimento com Foco em Competências já significa economia e direcionamento dos recursos disponíveis para treinamento. Dessa forma, evitam-se absurdos, como, por exemplo, o de investimentos errôneos, afinal o **ROI** de um treinamento para um público errado (não precisa ser nenhum especialista para afirmar) é 100%, porém *negativo*, já que o que foi investido não retornará para a empresa.

Claro que é importante saber o **ROI** de Treinamento, mas antes disso é preciso ter o terreno preparado, plantar e colher. Parece óbvio, mas existem algumas entrelinhas e lições que são necessárias extrair: "Nem sempre o que fazemos tradicionalmente, por questão de cultura, significa que está correto. É preciso repensar as metodologias". Veja o porquê abaixo.

Neste exemplo de preparar a terra, plantar e colher e daí então apurar o resultado, no item preparar a terra especificamente poderíamos dizer que é necessário arar a terra, afinal isso é tradicional, é um processo feito há milhares de anos. Mas em uma conversa que tive com meu cunhado, biólogo, que desenvolve um projeto de carne orgânica para uma grande empresa varejista, tive a informação que foi para mim uma grande revelação, mesmo porque não possuo nenhuma afinidade técnica em questões agrícolas. Veja só: arar a terra é uma técnica ultrapassada, pois o processo altera uma construção da separação de camadas do solo que levou anos para ser preparado pela natureza e, em segundos, o processo faz uma inversão total dessas camadas, não permitindo extrair o melhor que o solo pode oferecer.

A leitura que tenho diante desse exemplo é que, mesmo um processo que estamos habituados a executar e no qual acreditamos, pois até sua execução é uma questão cultural, mesmo assim esse processo deve ser analisado e reconsiderado. Isso faz parte das entrelinhas do processo e da preparação do terreno para que a empresa aplique o **ROI** de Treinamento, que deve contemplar as etapas descritos a seguir.

- Treinamento e Desenvolvimento com Foco em Competências.
- Análise da eficiência de um treinamento.
- **ROI** de Treinamento.

Cálculo do ROI

O **ROI** de Treinamento possui uma fórmula matemática, que a princípio parece ser simples, que é:

$$ROI = \frac{\text{Retorno Financeiro Líquido}}{\text{Valor Investido}} \times 100$$

A complexidade está nas inúmeras combinações que envolvem a composição das variáveis principais, que são "Retorno Financeiro Líquido". Essa expressão significa todo o retorno que a empresa teve com o treinamento descontadas todas as despesas geradas e o "Valor Investido". Em "Valor Investido", por exemplo, não é apenas o valor da consultoria que administrou um treinamento. Devem e/ou podem ser acrescentados o valor-hora dos profissionais que ali estavam presentes, a produção que deixaram de fazer, se o treinamento foi interno, o valor do espaço onde foi realizado o treinamento de forma proporcional ao custo de instalações da organização, a estrutura montada, os telefonemas feitos... Enfim, é uma enorme lista, muito detalhada, diga-se de passagem, mas que na realidade são os ingredientes que se resumem a "simples" variável que na fórmula é chamada "Valor Investido".

Não mais simples, a outra variável chamada de "Retorno Financeiro" por sua vez quer identificar o resultado financeiro efetivamente obtido, e essa questão é complexa, pois em um treinamento de produção, por exemplo, é possível identificar a melhoria que ocorreu, a quantidade de peças rejeitadas que diminuiu. Para mensurar o resultado de um treinamento de vendas, pode ser checado o aumento do total das vendas, porém existem fatores que podem contribuir para tal aumento, como produtos em promoção, o que não significa necessariamente que o resultado alcançado seja em função do treinamento realizado. Ainda existem os fatores externos, como variações na bolsa, guerra ou atos de terrorismo em algum lugar, um fator político ou econômico que pode ter contribuído negativamente para o resultado, dentre tantas outras possibilidades, que compõem a variável "Retorno Financeiro".

Então, subtraindo do retorno do investimento as despesas obtidas para conquistá-lo (retorno líquido) e depois dividindo esse valor pelo mesmo valor das despesas, o quociente desta divisão multiplicado por 100 resulta o **ROI** que é medido em percentual.

Tudo isso traduz a realidade do mercado e, se você já trabalhou ou leu algo sobre **ROI**, certamente está cansado de ouvir essa declaração.

Isso não significa que seja impossível mensurar o **ROI** de Treinamento, apesar de ser uma atividade muito complexa. Justamente por isso é necessário ter outras formas de mensurar o retorno dos treinamentos. É como o exemplo de arar a terra citado anteriormente, não no sentido de que **ROI** de Treinamento seja ultrapassado, longe disso, mas é preciso buscar outras soluções e começar novos experimentos para ter um novo processo, onde possa ser comprovada em primeiro lugar a eficiência do treinamento e, depois disso, o seu retorno financeiro.

Para exemplificar a necessidade de construir uma outra visão, na *introdução* do livro *A Estratégia em Ação – Balanced Scorecard* de Robert S. Kaplan e David P. Norton, os autores contam que o livro foi baseado em um estudo *motivado pela crença de que os métodos existentes para avaliação do desempenho empresarial, em geral apoiados nos indicadores contábeis e financeiros, estavam se tornando obsoletos. Os participantes acreditavam que depender de medidas de desempenho consolidadas, baseadas em dados financeiros, estava prejudicando a capacidade das empresas de criar valor econômico para o futuro.*

Apesar de o livro tratar de uma ferramenta de desempenho empresarial e não especificamente de desempenho de treinamento, baseio-me no exemplo citado por Norton e Kaplan ao afirmar que são necessárias outras formas para mensurar os resultados de um treinamento. Realmente precisamos encontrar uma forma alternativa para "arar" o solo, mesmo entendendo que **ROI** não é, em momento algum, uma forma ultrapassada, porém complexa.

Nessa linha de raciocínio e no princípio utilizado pela Metodologia do Inventário Comportamental para Mapeamento de Competências, a proposta é utilizar uma seqüência de ações que preparam e dão base para, em uma etapa posterior, aplicar o cálculo do **ROI** de Treinamento. No entanto, essas etapas intermediárias poderão apresentar resultados práticos da eficiência de um treinamento, comportamental ou técnico.

A estratégia, então, é a utilização de Métricas de Avaliação, que denominaremos Gestão de Métricas.

Gestão de métricas

Métricas são indicadores (mais uma vez os indicadores) que determinam objetivos, metas ou um padrão desejado. Essas métricas podem ser financeiras ou não, como, por exemplo, absenteísmo; número de peças rejeitadas, de reclamações de clientes, de conflitos, de sugestões de novos produtos, de sugestões de melhorias; participação no faturamento, margem de contribuição etc.; enfim, tudo o que se deseja ter como um padrão ou objetivo pode ser uma métrica. E ainda cada uma dessas métricas possui suas próprias unidades de medida, por exemplo, Absenteísmo e Participação no Faturamento em Percentual, ao passo que Reclamações de Cliente e Sugestões de Melhorias são mensuradas em Números Absolutos.

As métricas podem ser determinadas basicamente em três níveis dentro de uma organização:

- para o Colaborador;
- para a Função;
- para o Cliente Interno, que são os setores ou os departamentos dentro da empresa.

Exatamente a seqüência apresentada, Colaborador, Função e Cliente Interno, expressa a ordem da mais analítica para a mais abrangente, ou macro. Veja a aplicação a seguir.

Para uma determinada função, é especificado como métrica o Absenteísmo no máximo em 4% e Sugestão de Melhorias 8%. Claro que todos esses números e apurações devem ser considerados dentro de um período; em nosso caso, utilizaremos a freqüência mensal.

Com essas informações, conseguimos construir o gráfico da Figura 16.

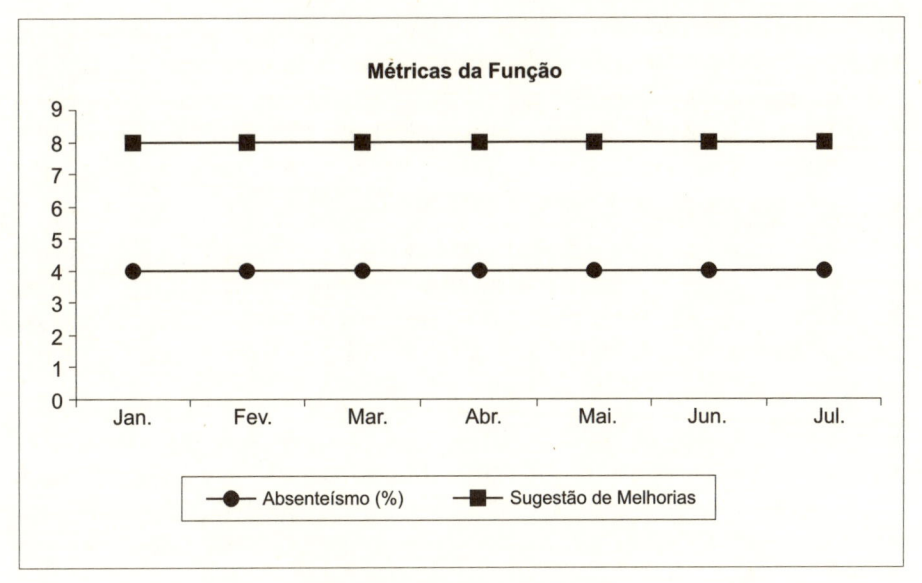

Figura 16 – Métricas da Função

Mensurando o nível mensal obtido em cada uma das medições, teremos gráficos como o do Absenteísmo apresentado na Figura 17.

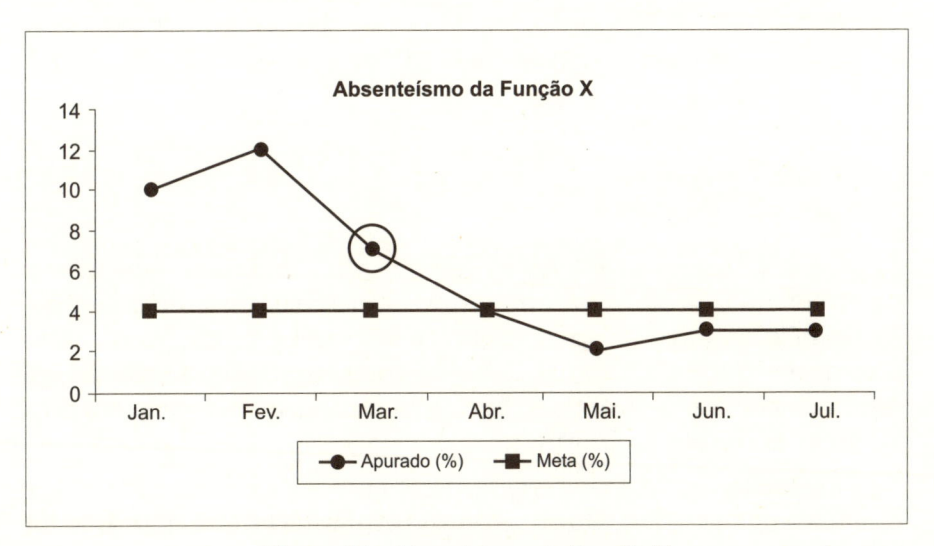

Figura 17 – Absenteísmo da Função X

Considerando o destaque no mês de março quando ocorreu um treinamento, podemos acompanhar pela evolução da métrica dos meses seguintes que os índices foram conduzidos para níveis satisfatórios. Nesse caso, podemos não apenas afirmar o sucesso do programa de treinamento, mas realmente visualizar que trouxe resultado para a empresa.

Se compararmos a média dos meses de Janeiro e Fevereiro, que é 11%, com o restante dos meses, que é de 3,8%, podemos, inclusive, mensurar o resultado que o treinamento trouxe. Ou seja, ele reduziu em mais de 65% o nível de absenteísmo da função.

Assim como o **ROI**, outros fatores podem ter contribuído para a redução, como campanha de conscientização, algum tipo de medida tomada pela direção ou mesmo outro fator externo. Mas, aqui, é possível dizer que o esforço é realizado e que valeu a pena.

Com isso, pode-se dizer que não é apenas um fator isolado que muda comportamento ou mesmo técnica, mas sim um conjunto de ações, internas ou externas. O mais importante em todo o processo é acompanhar a evolução e tomar as ações e medidas para trazer tais indicadores em índices aceitáveis. Em resumo, essa é a Gestão das Métricas.

Apenas para efeito de classificação, podemos concluir que as métricas podem ser classificadas em dois tipos:

- fator positivo;
- fator negativo.

Tenha como base o Absenteísmo, que indica a quantidade de ausência de colaboradores durante o expediente de trabalho. Essa métrica para a função foi determinada em 4%. Se os colaboradores daquela função tiverem uma ausência acima dessa meta, isso é algo ruim, que precisa de uma interferência corretiva através de um treinamento.

Portanto, quando o nível apurado for maior numericamente que a meta e isso retratar que é um nível indesejado, o indicador é de um Fator Negativo, que é o caso do Absenteísmo.

Já para a métrica Sugestão de Melhorias, se for registrado um nível maior que a meta estipulada, isso é algo bom, e assim ela é classificada por Fator Positivo.

Com esse recurso, mesmo que você não consiga implantar o **ROI** em sua empresa, passa a ser possível a discussão e a objetividade de um treinamento, pois esse recurso, mesmo sendo simples de forma geral, é objetivo e científico, pois registra fatos.

Outro passo importante para um caminho do **ROI** é saber qual a influência ou o resultado do treinamento em nível comportamental, ou mesmo de um treinamento técnico. Esse é um dos níveis de avaliação que Kirkpatrick define como fundamental, quando apresenta os já conhecidos níveis de avaliação de treinamento, apresentados abaixo.

Níveis de avaliação de treinamento

- **Reação ou Feedback:** feito classicamente pela grande maioria dos treinamentos onde é avaliado como o treinamento foi visto pelos participantes.

- **Aprendizado:** quando é feita a avaliação do conteúdo do treinamento para certificar se realmente o colaborador aprendeu o que foi treinado. Essa avaliação não é complexa, ao contrário é bem simples, porém, apesar de ser de grande importância, não é tão comum ou popular nas empresas. Em Gestão por Competências, esse nível é fundamental para mensurar a evolução do colaborador.

- **Comportamental:** é a análise do que realmente mudou no comportamento do colaborador por ter participado do treinamento.

- **Resultados:** é onde entra o **ROI** de Treinamento.

Vários autores citam essa definição e níveis de treinamento, mas geralmente não são específicos em como realizar tal avaliação. Mais uma vez, a resposta para isso está na Metodologia do Inventário Comportamental, pois com ela podemos mensurar quais os comportamentos que o treinamento irá trabalhar. Além disso, com o princípio da avaliação com Foco em Competências, é possível de forma simples e eficiente avaliar em que e quanto o colaborador evoluiu. Portanto, tendo o nível que o colaborador estava antes do treinamento e comparando com o nível que ele apresentará na avaliação após o treinamento, temos como realizar a avaliação sugerida por Kirkpatrick e fundamental para validar um treinamento, que é a Avaliação em nível Comportamental. Vejamos um exemplo prático.

A primeira providência é montar uma lista dos indicadores de competência que serão trabalhados no treinamento, comportamentais e/ou técnicos. Para isso, temos duas opções:

- partindo do Inventário Comportamental ou Técnico já realizado pela empresa;
- partindo de uma Reflexão e construção de indicadores.

Se partirmos do Inventário Comportamental ou Técnico, como será apresentado no Anexo IV, basta escolhermos quais os indicadores de competência que o treinamento irá realizar. Como já temos a avaliação dos colaboradores por competências, temos a foto inicial das competências do colaborador antes do treinamento.

Caso não tenha a avaliação ou se já faz algum tempo que foi aplicada, construa o formulário da avaliação e faça a aplicação como a realizada na Avaliação com Foco em Competências, apresentada no Capítulo 6.

Se não partir do Inventário Comportamental ou Técnico, será necessária uma reflexão e construção de indicadores que o treinamento irá trabalhar. Nesse caso, você terá que montar um formulário de avaliação e aplicá-lo antes do treinamento.

Toda a metodologia de construção da avaliação e aplicação é similar à que já foi apresentada, por isso não iremos repetir esses exemplos novamente aqui. Consulte o Capítulo 6.

Recomenda-se que 60 dias, geralmente esse é o prazo indicado, depois de transcorrido o treinamento, aplique novamente a avaliação. Comparando os resultados da primeira e da segunda avaliação, será possível visualizar a evolução obtida pelo colaborador em função do treinamento.

Os indicadores dessa avaliação devem ser objetivos; logo, a avaliação deverá ter um número reduzido de indicadores, é, portanto, fácil e rápida de ser respondida pelos avaliadores. Quanto ao tipo de avaliação, se será a Auto-avaliação, a Superior, a Conjunta ou até mesmo a de Múltiplas Fontes, vale dizer que cada treinamento deve ter sua própria estratégia, sempre se levando em conta a realidade da empresa.

Com esse recurso, temos outro passo para chegar ao **ROI**, e, da mesma forma que a Gestão das Métricas, temos aqui outro fator de análise com base científica.

Já o cálculo do **ROI** propriamente dito é a fórmula apresentada, onde o desafio é encaixar todas as variáveis para mensurar o resultado financeiro e os custos envolvidos. Por ironia, deve-se considerar também o custo para calcular o **ROI**. Entendo que usar dos artifícios aqui apresentados é uma excelente forma de conduzir a empresa para um processo de amadurecimento natural sobre os resultados de treinamento, que culminará com o cálculo do **ROI** efetivamente. Mas não adianta querer passar por cima dessas etapas, mesmo porque há muito o que pesquisar e refletir, há muito o que racionalizar e focar.

Para um exemplo disso, você já refletiu no que poderíamos chamar "carinhosamente" do "Oposto do **ROI** em Treinamentos", ou seja, no desperdício de investimentos nos treinamentos realizados por uma empresa, desde os mais simples até os técnicos, inclusive em outros países, e o colaborador deixou a empresa por algum motivo ou o projeto foi cancelado? Mas principalmente, quais as medidas que podem ser tomadas para evitar tudo isso? Algumas dessas ações, sem dúvida, são: a avaliação, o plano estratégico, o *coaching* e a Gestão de Pessoas com Foco em Competências em cada um de seus módulos.

CAPÍTULO 10

Case Biotech Brasil: A Metodologia é Fundamental, mas é apenas Coadjuvante em um Verdadeiro Processo de Gestão por Competências

O *case* apresentado a seguir trata da implantação da Metodologia do Inventário Comportamental em uma empresa de biotecnologia. Por não ter a autorização da matriz americana para usar o nome real da empresa, utilizarei o nome fictício da empresa como Biotech Brasil.

O título que usei para esse anexo não tem como objetivo diminuir a importância da metodologia adotada na Biotech Brasil para Gestão por Competências, mas de alertar o leitor de que somente a metodologia não fará milagres em sua empresa. É preciso, após o processo de mapeamento de competências, implementar ações de gestão de pessoas para a geração de resultados.

A proposta de intervenção na Biotech Brasil surgiu de trabalho realizado por um grupo de estudo em minha especialização do MBA de Gestão de Pessoas da Fundação Getúlio Vargas (FGV).

O objetivo do grupo de estudo era fazer a "Análise do Desempenho dos Resultados Financeiros e do Clima de uma Organização com Implantação de Gestão por Competências". Em outras palavras, queríamos identificar o que, efetivamente, uma empresa ganharia com a implantação de Gestão por Competências.

Para isso, o grupo de estudo optou por fazer um levantamento de dados em um cenário pré-intervenção, realizar a intervenção propriamente dita, que é a implantação da gestão por competências e depois fazer o levantamento do cenário pós-intervenção.

Sobre a Biotech Brasil

A Biotech Brasil Ltda. faz parte de um grupo multinacional de origem Americana com atuação no ramo da Biotecnologia. Esse grupo foi fundado em 1987 e está presente em mais de 70 países. Atualmente, emprega em torno de 4.800 colaboradores e oferece uma gama de 25.000 produtos e serviços, com um faturamento anual de $ 1,26 bilhão.

O negócio da Biotech Brasil é prover produtos e serviços que apóiam as pesquisas governamentais, institucionais, farmacêuticas e companhias de biotecnologia no mundo. Trabalhando com todos os esforços para melhorar as condições humanas, a tecnologia para ciências da vida é melhorar e acelerar todas as áreas de pesquisa, descoberta de drogas e bioproduções comerciais.

Seus produtos podem ser encontrados em todos os maiores laboratórios do mundo. Muitas das maiores descobertas médicas das últimas duas décadas foram efetuadas usando seus produtos, inclusive a descoberta do vírus da AIDS, os avanços nas técnicas para a cura do câncer e o desenvolvimento de ferramentas para a pesquisa de células-tronco.

Visão da Biotech Brasil

Ampliar nossa liderança tecnológica nos mercados de biologia molecular e cultura celular e expandir para uma posição de liderança nos novos mercados em crescimento. Criar uma completa e integrada plataforma tecnológica, promovendo excelência nos serviços prestados. Consistentemente com as nossas estratégias de negócios, buscamos significativas contribuições para a saúde e o bem-estar humano, acelerando as descobertas em ciências da vida.

Missão

Prover produtos inovadores e serviços para acelerar a descoberta e o conhecimento biológico.

Valores

Pessoas: Nós cuidamos das nossas pessoas; dividimos o sucesso que vem do trabalho em equipe.

Responsabilidade: Nós trabalhamos com honestidade e integridade; somos responsáveis pelo que falamos e fazemos.

Inovação: Nós inovamos e nos empenhamos para manter desenvolvimento contínuo.

Dinamismo: Nós somos uma empresa dinâmica e apaixonada pelo que faz.

Excelência: Nós usamos processos otimizados para desenvolver produtos de alta qualidade; oferecemos aos nossos clientes o que temos de melhor.

Abrangência de atuação

A Biotech iniciou suas atividades no Brasil em 1997. Nos últimos 8 anos, a empresa aumentou seu faturamento em 605%. Com uma estratégia focada em resultados fechou o ano de 2006 com uma rentabilidade líquida final após IRPJ de 35%. Praticamente 80% do faturamento atual provêm da comercialização de produtos importados, e localmente temos a produção de 8 produtos, os quais são exportados para empresas do grupo.

A Biotech Brasil é responsável pela cobertura de todo o mercado brasileiro, bem como administra e gerencia a comercialização de produtos por meio de distribuidores para toda a América Latina.

Diagnóstico da situação

A Biotech tem a plena consciência de que necessita de mudanças profundas para que possa manter o ritmo de crescimento e rentabilidade dos últimos anos, bem como de que essa mudança somente será efetiva se houver uma intervenção nos princípios conscientes que direcionam o comportamento de todos os membros da organização.

É necessário ampliar o campo de visão da alta gerência sobre os problemas internos e externos e buscar uma nova visão da organização sobre si mesma. É preciso estar disposta a enfrentar resistências, querer individual, políticas, jogos de interesses, ou seja, criar uma verdadeira cultura de mudança.

A Biotech acredita que, dada a diversidade das culturas e personalidade ímpar de cada pessoa, a melhor estratégia é a *Intervenção Personalizada*, ou seja, acredita ser necessário identificar a exata necessidade de cada colaborador e a elaboração de um *Plano de Ação* específico para cada colaborador. Assim, permite-se maior objetividade dos resultados em prol dos objetivos organizacionais.

Por fim, a Biotech Brasil deseja mensurar o Impacto no Clima Organizacional das ações tomadas em curto e médio prazo e Estruturar uma Avaliação de Desempenho em um Conceito Amplo, que contemple os Resultados Organizacionais e as Competências dos colaboradores.

O Projeto RH 2007

A Biotech Brasil autorizou a intervenção e o projeto recebeu o nome de "Projeto RH 2007", que teve os desafios descritos abaixo.

- Estruturar, Planejar e Implantar um Sistema de Gestão por Competências abrangendo 100% dos colaboradores da Biotech Brasil.
- Atuar no Desenvolvimento dos Colaboradores.
- Realizar intervenções e implantar mudanças referentes às demandas do Clima Organizacional.
- Mensurar o cenário pré e pós-implantação para análise do desempenho dos resultados financeiros e do clima organizacional.
- Realizar o projeto em nove meses.

O Projeto RH 2007 foi composto de 22 etapas enumeradas a seguir.

1. Elaboração do Diagnóstico.
2. Apresentação de Proposta para Direção da Empresa.
3. Identificação de Indicadores para a Mensuração dos Impactos com a implantação Projeto RH 2007.

4. Aplicação da Pesquisa de Clima.

5. Plano de Ação para a implementação das oportunidades de melhoria apuradas na Pesquisa de Clima.

6. Sensibilização da implantação do Projeto RH 2007.

7. Elaboração da Descrição de Função.

8. Mapeamento de Competências Técnicas.

9. Mapeamento de Competências Comportamentais.

10. Estabelecimento de Metas.

11. Avaliação de Competências Técnicas.

12. Avaliação de Competências Comportamentais.

13. Preparação de Gestores e Colaboradores para *Feedback* e Empenho.

14. Preparo de Sugestão de Plano de Ação para auxiliar os Gestores no momento do *Feedback* e Empenho de Metas.

15. *Feedback* e Empenho com Colaboradores.

16. Ações para o desenvolvimento dos colaboradores e acompanhamento dos Gestores.

17. Apuração das Metas acordadas.

18. Aplicação da Avaliação de Desempenho com Foco em Competências.

19. Aplicação da Pesquisa de Clima (cenário pós-intervenção).

20. Apuração dos Indicadores definidos para a Mensuração dos Impactos com a implantação Projeto RH 2007.

21. Apresentação dos resultados para a Direção.

22. Orientações para a manutenção do Modelo de Gestão de Pessoas.

Identificação dos indicadores para a mensuração dos impactos com a implantação do Projeto RH 2007

Com base nos "princípios da boa mensuração" de BECKER, HUSELID e ULRICH (2001), definiram-se os indicadores que a Biotech Brasil considerou relevantes para a apuração dos resultados, justamente por terem relação com a estratégia da empresa, sua Missão, Visão e Valores.

Os indicadores foram classificados em:

- Indicadores de Desempenho Organizacional.
- Indicadores de Clima Organizacional.
- Indicadores de necessidade de treinamento dos Colaboradores.

A escolha desses indicadores também foi baseada no fato de que apenas indicadores financeiros não seriam suficientes para a sinalização de que os Valores e os Objetivos da Biotech Brasil seriam alcançados com a implantação do sistema de Gestão Estratégica de Pessoas por Competências, o que foi complementado pelos indicadores escolhidos referentes ao Clima Organizacional e de Treinamento dos Colaboradores.

Essa decisão da Biotech Brasil vem ao encontro da afirmação de NORTON e KAPLAN sobre a origem do *Balanced Scorecard,* que surgiu da crença de que os métodos apoiados apenas em indicadores contábeis e financeiros estavam se tornando obsoletos por limitar as empresas de criarem valor econômico para o futuro.

Indicadores de Desempenho Organizacional

A Biotech Brasil fez a opção pelos seguintes indicadores que demonstram o desempenho organizacional:

- Vendas líquidas.
- Margem líquida final após Imposto de Renda (IR).
- Liquidez geral.
- Liquidez seca.
- Faturamento por empregado.

Indicadores de clima organizacional

Os indicadores de clima organizacional que a Biotech Brasil desejou avaliar estão enumerados abaixo.

1. Liderança.
2. Remuneração e Benefícios.
3. Desenvolvimento Profissional/Plano de Carreira.
4. Comunicação.
5. Trabalho em equipe.
6. Imagem da empresa.
7. Estrutura de trabalho.
8. Valorização de pessoas.
9. Autoa-nálise/Envolvimento.
10. Orientação para o cliente.

Indicadores das necessidades de treinamento dos Colaboradores

A Biotech Brasil solicitou que um dos indicadores a serem utilizados para a mensuração da intervenção do grupo de trabalho com a implantação do Sistema de Gestão de Pessoas por Competências fosse o resultado da Avaliação de Desempenho do Colaborador.

Como a Biotech Brasil não tinha realizado anteriormente o empenho com seus colaboradores, ficou determinado que a forma de mensuração seria a evolução das Competências Técnicas e Comportamentais dos colaboradores a serem apuradas no momento da implantação do sistema de Gestão de Pessoas por Competências (momento inicial da observação) e que estas seriam comparadas com a avaliação após seis meses da intervenção (momento final da observação).

Com isso, o Grupo projetou a mensuração desses indicadores antes da implantação do Sistema de Gestão de Pessoas por Competências na Biotech Brasil e, ao final do período de seis meses, uma nova mensuração com os mesmos indicadores.

Ações de Gestão de Pessoas realizadas pela Biotech Brasil

De posse das informações das avaliações técnicas e comportamentais, a Biotech Brasil tomou várias providências estratégicas de gestão de pessoas. A seguir, as de maior destaque.

- Disponibilização de todas as descrições de funções, incluindo as Competências Comportamentais e Técnicas: proporcionando a todos a idéia exata de onde estão e de aonde podem chegar, facilitando a implantação de um plano de carreira.
- Ampla divulgação da Missão, da Visão e das Competências Organizacionais da Biotech.
- Treinamentos de Automotivação e Gerenciamento Comportamental.
- Reuniões para Discussões de Livros: em alguns planos de ação individual foram inclusas sugestões para leitura de livros. A área de Gestão de Pessoas montou grupos de discussões entre os colaboradores para que eles tivessem oportunidade de compartilhar o conhecimento obtido por meio da leitura.
- Comunicação Corporativa: para aumentar os canais de comunicação entre os colaboradores e a organização, foi criada a Reunião Geral dos Funcionários, trimestral, onde são apresentados o resultado financeiro e os principais acontecimentos do último trimestre. Procura-se incluir também uma apresentação sobre um assunto de interesse geral como: visão corporativa, curiosidades sobre os produtos, principais projetos em desenvolvimento etc. Também foi criado um informativo bimestral e foram programadas reuniões do Sistema de Gestão da Qualidade.
- Promoção de Integração dos colaboradores.
- Revisão de Benefícios: em resposta aos fatores apurados pela pesquisa de Clima.
- Subsídios de Bolsas de Estudos.
- Implantação de Sistema de Gestão da Qualidade.

- Realização de Treinamentos alinhados às necessidades de treinamentos apuradas pelo Inventário Comportamental.
- Implantação de Ações de Responsabilidade Social.
- Investimento na Qualidade de Vida dos colaboradores com *Quick-Massage*.
- Implantação do programa *Find a Better Way*, programa de incentivo para sugestão de idéias e envolvimento dos colaboradores na tomada de decisão.
- Implantação do Processo de Seleção Baseado em Competências.

Resultados obtidos com a implantação do Projeto RH-2007

Indicadores Financeiros

Realizou-se uma análise comparativa dos principais indicadores de desempenho financeiro da empresa Biotech, baseada na comparação dos dados dos meses de janeiro a junho, ou seja, o primeiro semestre de cada ano em relação ao mesmo período do ano anterior.

Na avaliação foram utilizados cinco principais indicadores, listados na Tabela 28.

Tabela 28 – Indicadores Financeiros

Variação Indicadores Financeiros	2005	2006	2007 (intervenção)
Vendas Líquidas	12,45%	15,09%	23,77%
Margem Líquida Final após IR	−2,39%	−3,54%	18,93%
Liquidez Geral	−8,35%	14,00%	29,43%
Liquidez Seca	−18,71%	18,07%	27,88%
Faturamento por Empregado	9,14%	8,70%	14,25%

A Biotech experimenta um crescente aumento em vendas líquidas quando comparado ao semestre anterior de 2005 até 2007. Após a intervenção, ocorreu um salto significativo nesse crescimento, passando de 12,45% de 2004 para 2005, 15,09% de 2005 para 2006 e chegando a 23,77% de 2006 para 2007, período da intervenção.

A margem de contribuição que apresentava reduções nos anos de 2005 com -2,39% e 2006 com -3,54% demonstra crescimento que supera os dois dígitos positivos no ano de 2007, atingindo 18,93%.

A Liquidez Geral e a Liquidez Seca também saem de um patamar negativo no ano de 2005 de -8,35% e -18,71%, respectivamente, para um desempenho positivo no ano de 2006 de 14% e 18,07%.

Observa-se, então, que, após a intervenção, tais índices crescem em 10 pontos percentuais no ano de 2007, chegando a um crescimento de 29,43% na Liquidez Geral e 27,88% na Liquidez Seca.

Onde:

$$\text{Liquidez Geral} = \frac{\text{Ativo Circulante} + \text{Realizável em Longo Prazo}}{\text{Passivo Circulante} + \text{Exigível em Longo Prazo}}$$

Expressa a capacidade financeira da Biotech em curto e em longo prazo, através da relação existente entre recursos disponíveis em curto e em longo prazo e as obrigações de curto e longo prazo.

$$\text{Liquidez Geral} = \frac{\text{Ativo Circulante} - \text{Estoques} - \text{Despesas do Exercício Seguinte}}{\text{Passivo Circulante}}$$

Avalia a capacidade financeira em curto prazo sem influência dos estoques, ou seja, visa a estabelecer o montante de disponibilidade imediata mais realizável em curto prazo que podem ser utilizados pela empresa para liquidar dívidas de curto prazo.

O Faturamento por empregado, que já exibia evolução nos últimos anos com 9,14% em 2005 e 8,70% em 2006, apresentou um expressivo crescimento com um índice que chegou a 14,25% no ano de 2007.

Indicadores de Clima

Tabela 29 – Indicadores de Clima

	Concordância (%)			Discordância (%)		
	Pré-intervenção	Pós-intervenção	Var.	Pré-intervenção	Pós-intervenção	Var.
Liderança	74%	83%	9%	21%	11%	-10%
Remuneração e Benefícios	50%	58%	8%	31%	17%	-14%
Desenvolvimento Profissional	62%	78%	16%	33%	18%	-15%
Comunicação	56%	74%	18%	38%	24%	-14%
Trabalho em Equipe	76%	88%	12%	20%	10%	-10%
Imagem Empresa	84%	87%	3%	8%	9%	1%
Estrutura Trabalho	72%	77%	5%	27%	20%	-7%
Valorização Pessoas	80%	89%	9%	16%	8%	-8%
Auto-análise/Envolvimento	81%	90%	9%	17%	8%	-9%
Orientação para Cliente	85%	93%	8%	12%	4%	-8%
TOTAL	72%	82%	10%	21%	12%	-9%

De forma geral, o cenário do clima no cenário pré-intervenção era relativamente bom, pois havia uma concordância de 72% dos fatores pesquisados. Com a intervenção, esse índice aumentou em 10 pontos em apenas 6 meses de intervenção, o que é extremamente representativo para os parâmetros organizacionais (Tabela 29).

Merecem destaques os fatores Comunicação, com um aumento de 18 pontos percentuais em concordância, seguido pelos fatores Desenvolvimento Profissional, com 16 e Trabalho em Equipe, com 12. Não menos importantes os demais fatores, com aumentos significativos entre 8 e 9 pontos percentuais.

Pelo lado da redução da discordância, a Biotech Brasil teve consideráveis evoluções, com destaque para Desenvolvimento Profissional, com 15 pontos percentuais de redução, seguido de 14 pontos nos fatores Comunicação e Remuneração e Benefícios. Também não menos importantes, outros fatores obtiveram expressivas reduções de não-concordância, variando de 7 a 10 pontos percentuais.

Evolução das Competências Técnicas (Tabela 30)

Tabela 30 – Evolução das Competências Técnicas

Cenário Pré-intervenção	97,1%
Cenário Pós-intervenção	112,5%
Variação	15,4%

Na avaliação técnica, considerando a média geral de todos os colaboradores, no cenário pré-intervenção, obteve-se o resultado de 97,1% indicando uma pequena baixa no nível de competências técnicas dos colaboradores da Biotech Brasil. De forma geral, esse é um índice extremamente satisfatório, comparado com a média das empresas.

No cenário pós-intervenção, o resultado encontrado foi de 112,5%, representando um considerável acréscimo para o curto período da intervenção.

Uma média acima de 100% significa que a maioria dos colaboradores da Biotech Brasil supera as necessidades técnicas para a realização de sua função. Isso é uma oportunidade de crescimento técnico que a empresa tem em suas mãos, por outro lado, ela terá que trabalhar de forma muito forte no aumento dessa exigência para não gerar desmotivação de seus colaboradores.

Evolução das Competências Comportamentais

Tabela 31 – Evolução das Competências Comportamentais

Cenário Pré-intervenção	79%
Cenário Pós-intervenção	75%
Variação	-4%

A surpresa na intervenção realizada pelo grupo de estudo na Biotech Brasil veio da apuração da média das competências comportamentais dos colaboradores.

Considerando a média geral de todos os colaboradores, no cenário pré-intervenção, obteve-se o resultado de 79%, o que também pode ser considerado um bom índice, não o ideal, mas considerando que a Biotech Brasil nunca teve uma política formal de RH, o índice de fato é expressivo.

Porém, no cenário pós-intervenção, o resultado encontrado foi de 74%, representando uma redução de 4 pontos percentuais.

Implantar Gestão por Competências diminui as Competências das Pessoas?

Não, mas não é possível negar que esta talvez tenha sido a primeira questão que surgiu na mente das pessoas ao lerem esses números. O grupo de trabalho já tinha sua conclusão, mas por se tratar de um trabalho com um objetivo científico, ou seja, de um estudo comprovado, recorremos a uma pesquisa realizada com os colaboradores, de percepção do aumento das Competências Técnicas e Comportamentais dos colaboradores da Biotech Brasil.

Essa pesquisa veio afirmar a conclusão que o grupo de estudo buscava, e trouxe o resultado exposto na Tabela 32.

Tabela 32 – Pesquisa Comportamental Complementar

Pesquisa Comportamental Complementar		
Melhorou	Manteve-se	Piorou
41%	53%	6%
94%		6%

Em outra avaliação, porém qualitativa, obtivemos que 41% dos colaboradores melhoraram suas competências comportamentais e 53% mantiveram-se inalterados, contra apenas 6% que pioraram.

Conclusão

Os resultados nos indicadores financeiros são notórios, mas não podem ser associados exclusivamente ao fato da implantação da Gestão por Competências, embora não haja como negar o impacto da atuação em seus resultados comparando com a evolução desses indicadores com os resultados dos anos anteriores.

O impacto no clima mostra, claramente, a mudança ocorrida na Biotech Brasil. O que impressiona é o tempo em que isso ocorreu: apenas 6 meses!

A aparente diminuição das competências comportamentais mostrou a importância e a grandeza da estratégia adotada. A forma pela qual foi conduzida a implantação na Biotech Brasil fez com que os colaboradores aumentassem seu nível de consciência e crítica sobre os comportamentos esperado deles. Portanto, na segunda avaliação, foram mais exigentes e coerentes com em relação aos objetivos e às expectativas organizacionais.

Ocorreu um aumento das Competências Comportamentais das pessoas. É fato observado tanto na pesquisa de clima, quanto na pesquisa complementar realizada pelo grupo de estudo.

A diminuição constatada na segunda avaliação representa um impacto que a intervenção gerou na própria Cultura Organizacional.

Essa conclusão foi ratificada por alguns depoimentos espontâneo de alguns colaboradores da Biotech Brasil, que dentre vários, destaco os apresentados a seguir.

Estou há pouco tempo na Companhia e não participei muito do antes, mais sim do depois (projeto). Particularmente, estou muito contente com as mudanças/crescimento que tivemos nesse ano na empresa, e também com as que estão por vir. Mudanças, essas, que estão alterando a visão dos funcionários em relação aos objetivos da Companhia, ou seja, a empresa vem buscando melhorias em seus processos buscando atingir melhores resultados, investindo em seus funcionários com treinamentos que são uma peça muito importante não só para o crescimento da Companhia, mas também para o crescimento do próprio funcionário. Com isso, melhoramos nossa comunicação, trabalhamos em equipe, enfim, estamos produzindo mais com foco em resultados, qualidade nos serviços, qualidade no atendimento, não só no cliente externo como também no cliente interno; sabemos, ainda que muitas mudanças ainda estão por vir e, é lógico, para melhor. Com certeza, com a participação de todos, vamos alcançar nossos objetivos e os da Companhia também.

Supervisor de Almoxarifado

Ingressei nesta empresa em setembro de 2006. Durante esse período, vivenciei algumas modificações que fizeram diferenças significativas para mim. Claro que o novo plano de saúde e o aumento do valor do ticket-refeição são sempre lembrados, mas há outras que considero muito mais importantes. Particularmente, uma delas me agradou muito: o projeto Find a Better Way. *Algumas boas idéias já surgiram que, certamente, trarão benefícios para todos e para a empresa. Na minha visão, essa iniciativa gera envolvimento, um compromisso mais intenso com a empresa.*

Representa, ainda, um grande estímulo evidenciando competência, criatividade e boa vontade de todos nós, os colaboradores, além de nos dar voz, já que todos estão representados pelo comitê que foi formado.

Outro veículo para nossa expressão foi a Avaliação 360°. Esta é uma ferramenta que permite ainda evidenciar aquelas arestas que devem ser aparadas, de modo a aperfeiçoar sempre nosso trabalho.

Enfim, acho que a iniciativa repercutiu muito positivamente sobre todos nós!

Especialista de Produtos – PHD

Desde o início do projeto de RH, a empresa começou a respirar um ar diferente, cheio de esperanças de que realmente uma área de gestão de pessoas existisse em nosso ambiente de trabalho. Os resultados, em números, foram uma conseqüência com certeza, porém, principalmente para mim como uma das gestoras, foi bom ver as pessoas envolvidas, tentando colaborar de alguma forma para que tudo desse certo. A meu ver, o projeto pôde demonstrar o potencial de muitos colaboradores e ver que, nos dias de hoje, realmente, Gestão de Pessoas é a engrenagem prioritária dentro de uma organização séria, os resultados positivos são com certeza uma conseqüência.

Gerente de Serviços e Indústria.

A principal melhoria foi que, com a definição de funções e competências necessárias para cada cargo, ficou mais fácil para nós, gestores, mapearmos as deficiências de cada colaborador e começarmos a trabalhar em um plano de treinamento para que eles melhorem nos aspectos deficientes.

Por outro lado, mesmo antes de começar esse plano de melhoramento das competências de cada um, somente o fato de terem sido definidas as atribuições de cada cargo, melhorou bastante o relacionamento entre equipes diferentes ao se evitarem áreas de atuação mal definidas. Hoje, cada um sabe exatamente o que tem que fazer, assim como onde tem que melhorar para poder cumprir com as suas funções.

Gerente de Negócios Acadêmicos – América Latina

Acredito que todo trabalho dos últimos meses nos levou a uma realidade jamais vivenciada antes: a de que o ser humano é movido por um ambiente em que suas funções e metas são perfeitamente claras. E, além disso, a de que a motivação pode nos levar a resultados que nós mesmos nunca imaginaríamos alcançar.

Responsável Técnica

Apenas a Gestão por Competências não é garantia de sucesso. É preciso agir, e agir com estratégia. Como apresentado no Capítulo 1 deste livro, Gestão por Competências não é bater a foto (fazer o mapeamento), é agir com estratégia para conduzir as pessoas para atingir os objetivos organizacionais.

Agradecimentos

Quero deixar registrado meu imenso agradecimento à saudosa turma da FGV, a DGP-ABC-10, mas, em especial, aos membros do grupo de estudo que realizou este trabalho. Aos amigos:

Flavio Fernandez Caro
Márcia C. Vespa Martins
Marina Orsini
Silvana Martins Costa
Solange Waileman
Sueli Santos Oliveira

Todos desse grupo são muito importantes, mas não poderia deixar de destacar a Márcia Vespa pelo seu apoio, por sua segurança e sua visão, que poucos profissionais têm atualmente. A Silvana Costa, que tem uma velocidade de processamento, de leitura e percepção dos fatos que é um absurdo de rapidez e qualidade.

E também a Solange Waileman, que é a grande responsável pelos fatos efetivamente acontecerem na Biotech Brasil. Ela era uma das colaboradoras à frente do Projeto RH 2007 e, apesar de sua área de origem ser financeira, é uma profissional que tem plena consciência do que as pessoas significam para uma empresa, tanto que fez a especialização em Gestão de Pessoas, apesar de já ter outras especializações. Sem dúvida, é uma profissional que o mercado irá disputar por toda sua competência, técnica, comportamental e de gestora de pessoas. Obrigado, Solange, por você ter dado o exemplo do que é efetivamente Gestão de Pessoas e justificar o subtítulo deste capítulo, que faço questão de encerrar com ele.

"A metodologia é fundamental, mas é apenas coadjuvante em um verdadeiro processo de Gestão por Competências."

ANEXO I

Técnica para Destacar a Importância de um Indicador na Metodologia do Inventário Comportamental

Maria Rita Gramigna traz em seu livro *Modelo de Competências e Gestão dos Talentos* uma interessante classificação das Competências Organizacionais entre:

- **Diferenciais**, que devem ser identificadas na missão da empresa.
- **Essenciais**, que são as mais importantes para o sucesso do negócio e, portanto, devem ser percebidas pelo cliente.
- **Básicas**, que são as necessárias para manter a organização funcionando.

Depois de mapeadas as Competências Organizacionais e durante o processo de validação das competências, é interessante o seguinte exercício: olhar para as competências identificadas e dizer quais delas seriam as diferenciais e essenciais. As demais são as básicas. Releia os indicadores das competências classificadas como Diferenciais e Essenciais, e tente identificar se alguns desses indicadores representam a alma da empresa, que mereça um destaque especial. Por exemplo, em uma empresa de manutenção em sistemas de alarme que tem Foco no Cliente como sua competência diferencial, todos os indicadores dessa competência são importantíssimos. No entanto, se o indicador "Dar retorno ao cliente" é especial e todos os colaboradores precisam ter essa característica extremamente forte, ele deve ser tratado de forma diferente. Nesse ponto, entra a *Técnica da Importância do Indicador*.

A Importância do Indicador é um recurso que intensifica o peso do indicador. Isso fará com que o colaborador que precisa demonstrar esse indicador seja mais cobrado e desempenhe melhor essa competência.

Na prática

Considerando uma Competência com sete indicadores, conforme a fórmula apresentada no Capítulo 5, cada indicador vale 0,714.

$$\text{Peso Indicador} = \frac{\text{Nível Máximo da Escala}}{\text{Quantidade de Indicadores da Competência}}$$

Podemos dizer, então, que todos os indicadores possuem o mesmo valor, ou, em outras palavras, possuem a mesma importância.

Por convenção, podemos utilizar três níveis de importância:

- Importância 1.
- Importância 2.
- Importância 3.

Isso tem uma influência no cálculo do **NCF** e do **NCC**, pois, dando Importância 2 para um indicador, é como ter o mesmo indicador escrito duas vezes na relação dos indicadores de uma competência, e para Importância 3, como se tivesse escrito o mesmo indicador três vezes. Veja os exemplos a seguir nas Tabelas 33 a 35.

A. **Tabela 33** – Indicadores da Competência X, todos com a mesma Importância

Descrição do Indicador	
Indicador 1	
Indicador 2	
Indicador 3	
Indicador 4	
Indicador 5	
Indicador 6	**Total de indicadores: 7**
Indicador 7	**Peso de cada indicador: 0,714**

Aplicação Prática de Gestão de Pessoas por Competências   165

B.   Tabela 34 – Indicadores da Competência X, com Importância 2 para o Indicador 1

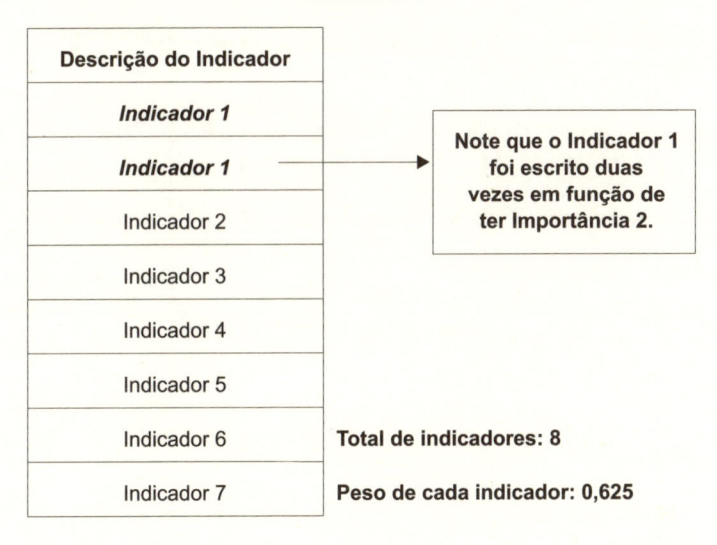

Descrição do Indicador
Indicador 1
Indicador 1
Indicador 2
Indicador 3
Indicador 4
Indicador 5
Indicador 6
Indicador 7

→ Note que o Indicador 1 foi escrito duas vezes em função de ter Importância 2.

Total de indicadores: 8

Peso de cada indicador: 0,625

C.   Tabela 35 – Indicadores da Competência X, com Importância 2 para o Indicador 1 e Importância 3 para o Indicador 2.

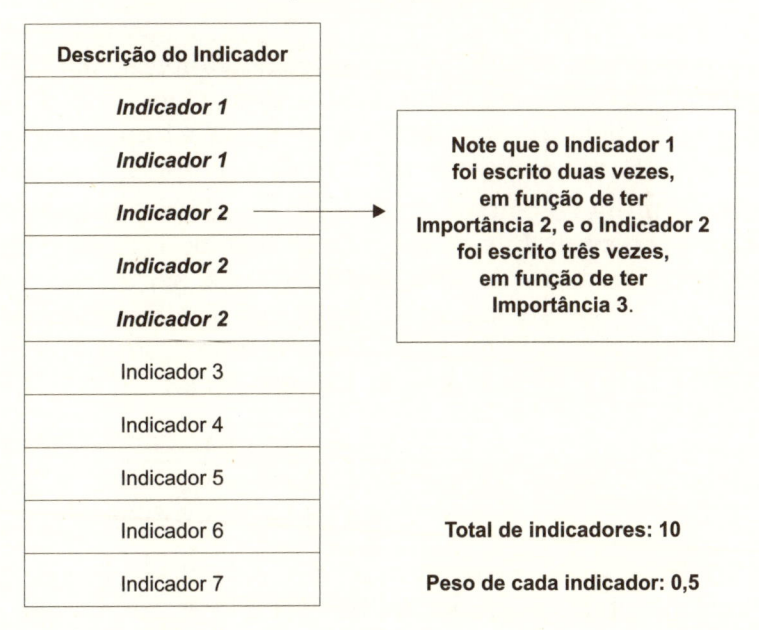

Descrição do Indicador
Indicador 1
Indicador 1
Indicador 2
Indicador 2
Indicador 2
Indicador 3
Indicador 4
Indicador 5
Indicador 6
Indicador 7

→ Note que o Indicador 1 foi escrito duas vezes, em função de ter Importância 2, e o Indicador 2 foi escrito três vezes, em função de ter Importância 3.

Total de indicadores: 10

Peso de cada indicador: 0,5

Veja os exemplos lado a lado na Tabela 36.

Tabela 36 – Quadro comparativo para a Técnica da Importância

Descrição do Indicador	A Total Importância: 7 Peso: **0,714**		B Total Importância: 8 Peso: **0,625**		C Total Importância: 10 Peso: **0,5**	
	Importância	Peso	Importância	Peso	Importância	Peso
Indicador 1	1	0,714	2	1,25	2	1
Indicador 2	1	0,714	1	0,625	3	1,5
Indicador 3	1	0,714	1	0,625	1	0,5
Indicador 4	1	0,714	1	0,625	1	0,5
Indicador 5	1	0,714	1	0,625	1	0,5
Indicador 6	1	0,714	1	0,625	1	0,5
Indicador 7	1	0,714	1	0,625	1	0,5

Em todos os exemplos são sete indicadores, porém, como possuem importâncias diferentes, a indicação Total de Importância na Tabela 36 demonstra a Soma das Importâncias, que são 7, 8 e 10, respectivamente para os exemplos A, B, C.

Na fórmula do cálculo do Peso do Indicador, quando for utilizada a Técnica da Importância do Indicador, o divisor "Quantidade de Indicadores da Competência" deve ser substituído por "Soma das Importâncias dos Indicadores da Competência". Veja como fica a fórmula do Peso do Indicador com a Técnica da Importância dos Indicadores de Competência:

$$\text{Peso Indicador} = \frac{\text{Nível Máximo da Escala}}{\text{Soma das Importâncias dos Indicadores da Competência}}$$

Confira a aplicação da fórmula dos exemplos acima e note que essa fórmula também funciona no exemplo A, onde todas as importâncias são as mesmas para todos os indicadores (Tabela 37).

Tabela 37 – Aplicação da fórmula

Exemplo A	Exemplo B	Exemplo C
$\text{Peso} = \dfrac{5}{7} = 0{,}714$	$\text{Peso} = \dfrac{5}{8} = 0{,}625$	$\text{Peso} = \dfrac{5}{10} = 0{,}5$

A influência no NCF, NCCo e NCCf

Todas essas fórmulas sofrem influência com a utilização da Técnica da Importância.

Vamos rever os casos partindo de um exemplo de uma Competência com 7 Indicadores, sendo os 5 primeiros necessários para uma determinada função Tabelas 38 e 39.

Tabela 38 – Todos os indicadores possuem a mesma importância

Opções ⇒		Todas as Vezes	Muitas Vezes	Com Freqüência	Poucas Vezes	Rara-mente
Pontos Equivalentes ⇒		5	4	3	2	1
	Importância					
Indicador 1*	1		X			
Indicador 2*	1			X		
Indicador 3*	1	X				
Indicador 4*	1		X			
Indicador 5*	1				X	
Indicador 6	1			X		
Indicador 7	1		X			

* Indicadores necessários para a função.

Aqui aplicamos as já conhecidas fórmulas:

NCF = Nível de Competências para a Função

$$NCF = \frac{\text{Nível Máximo da Escala}}{\text{Quantidade de Indicadores da Competência}} \times \begin{array}{c}\text{Quantidade de Indicadores}\\\text{Marcados como}\\\textbf{Muito Forte}\text{ ou }\textbf{Forte}\\\text{para a Função}\end{array}$$

NCCo = Nível de Competências do Colaborador em relação à Organização

$$NCCo = \frac{\text{Soma dos Pontos da Avaliação de Todos os Indicadores}}{\text{Quantidade de Indicadores da Competência}}$$

NCCf = Nível de Competências do Colaborador em relação à Função

$$NCCf = \frac{\text{Soma dos Pontos da Avaliação somente dos Indicadores Necessários para a Função}}{\text{Quantidade de Indicadores da Competência}}$$

Com elas calculamos para o exemplo:

NCF = 3,6

NCCf = 2,6

NCCo = 3,6

Tabela 39 – Aplicando Importância para os indicadores 1 e 2

Opções ⇒		Todas as Vezes	Muitas Vezes	Com Freqüência	Poucas Vezes	Raramente	Nunca
Pontos Equivalentes ⇒		5	4	3	2	1	0
	Importância						
Indicador 1*	2		X				
Indicador 2*	3			X			
Indicador 3*	1	X					
Indicador 4*	1		X				
Indicador 5*	1				X		
Indicador 6	1			X			
Indicador 7	1		X				

* Indicadores necessários para a função.

Nesse caso, é necessário alterar as fórmula do **NCF**, como feito no cálculo do Peso do Indicador, onde o divisor "Quantidade de Indicadores da Competência" foi substituído pela "Soma das Importâncias dos Indicadores da Competência". Além disso, é preciso alterar, também, a multiplicação para a "Soma das Importâncias dos Indicadores Marcados como **Muito Forte** ou **Forte** para a função". Veja a fórmula:

NCF = Nível de Competências para a Função

$$NCF = \frac{\text{Nível Máximo da Escala}}{\text{Soma das Importâncias dos Indicadores da Competência}} \times \text{Soma das Importâncias dos Indicadores Marcados como \textbf{Muito Forte} ou \textbf{Forte} para a Função}$$

Aplicando essa fórmula, calculamos que o NCF da função é 4, diferente do cálculo sem a Importância que era apenas 3,6. Essa diferença é a influência da exigência maior dos Indicadores 1 e 2 que possuem Importâncias 2 e 3, respectivamente.

Mas o **NCC** também sofre alterações. Além de o divisor "Quantidade de Indicadores da Competência" ser substituído pela "Soma das Importâncias dos Indicadores da Competência" como nas fórmulas anteriores, a pontuação obtida na avaliação de cada item deve ser multiplicada pela importância do indicador antes de ser somada.

Acompanhe: Na Tabela 38, onde todas as questões possuem a mesma Importância, para calcular o **NCCf**, a soma dos pontos dos indicadores necessários para a função (os cinco primeiros) era na ordem dos Indicadores: 4, 3, 5, 4 e 2, o que totaliza 18. Dividindo pelo total de Indicadores da competência, que eram sete, tínhamos o **NCCf** em 2,6.

Com os Indicadores com nível de Importância, antes de somá-los, é necessário multiplicar cada um pela sua Respectiva Importância, da forma mostrada na Tabela 40.

Tabela 40 – Multiplicação pela Respectiva Importância

Indicador	Importância	Pontos da Resposta	Pontos a Serem Somados
Indicador 1*	2	4	8
Indicador 2*	3	3	9
Indicador 3*	1	5	5
Indicador 4*	1	4	4
Indicador 5*	1	2	2
Indicador 6	1	Não entram no cálculo do **NCCf**	
Indicador 7	1		
		Total	28 pontos

* Indicadores necessários para a função.

Dividindo o total dos pontos apurados, 28 pontos, pela soma das Importâncias dos Indicadores da competência, que é 10, temos o 2,8 como **NCCf**. Já na Tabela 38, temos apenas 2,6.

Assim, as fórmulas para **NCCf** e **NCCo** com a utilização da Técnica da Importância dos Indicadores ficam sendo:

NCCo = Nível de Competências do Colaborador em relação à Organização

$$\text{NCCo} = \frac{\text{Soma dos Pontos da Avaliação Multiplicados pela Respectiva Impotância de Todos os Indicadores}}{\text{Soma das Importâncias dos Indicadores da Competência}}$$

NCCF = Nível de Competência do Colaborador em relação à Função

$$\text{NCCf} = \frac{\text{Soma dos Pontos da Avaliação Multiplicados pela Respectiva Importância, somente dos Indicadores Necessários para a Função}}{\text{Soma das Importâncias dos Indicadores da Competência}}$$

Apenas para comparar, veja os níveis das Tabelas 38 e 39, lado a lado, na Tabela 41.

Tabela 41 – Comparação dos Níveis de Competência

	Tabela 38	Tabela 39
NCF	3,6	4,0
NCCf	2,6	2,8
NCCo	3,6	3,5

É fácil observar que a Tabela 39, onde consta a Técnica da Importância, é mais exigente no **NCF** e no **NCC** em relação ao *gap* gerado.

Para concluir, recomenda-se a utilização desse recurso com, no máximo, três níveis de Importâncias, 1, 2 e 3, como apresentado. Além disso, moderação e bom senso são palavras-chave ao determinar quais indicadores realmente merecem importância.

ANEXO II

Gestão por Competências em Tempo Recorde.
Case Selling Out

Para ilustrar a aplicação da Metodologia do Inventário Comportamental para Mapeamento de Competências, vamos reproduzir o texto de Patrícia Bispo, jornalista do site *rh.com.br*, da matéria realizada em Janeiro de 2005 com o diretor da *Selling Out*, Paulo Roberto Menezes de Souza.

A *Selling Out* aplicou essa metodologia em um grande grupo de empresas em um curtíssimo espaço de tempo. Por sinal, o Anexo III traz um cronograma com um tempo previsto para a aplicação de todo o processo de Mapeamento das Competências Comportamentais de uma Empresa estendendo até a avaliação com foco em competências.

Fica o registro do meu agradecimento ao Willyans Coelho, diretor do *rh.com.br*, que autorizou a reprodução deste material, a Patrícia Bispo e ao Paulo Roberto da *Selling Out* na construção desta matéria.

Gestão por Competências em tempo recorde

Matéria de Patrícia Bispo, jornalista do site *Rh.com.br*

Data Publicação: Janeiro/2005

Fonte: www.rh.com.br

Autorização: Willyans Coelho, diretor *rh.com.br*

Em meados de 2004, a *Selling Out* – uma consultoria carioca especializada na implantação de programas de Gestão por Competências – viu-se diante de um grande desafio: elaborar um projeto para atender a várias empresas pertencentes a um mesmo grupo empresarial. O objetivo desse trabalho era realizar os mapeamentos das competências organizacionais e de cada função, além de fazer a avaliação dos colaboradores com foco em competências.

Além de ser especializada na implantação de programas de Gestão por Competências, a *Selling Out* também desenvolve trabalhos de terceirização de RH e seleção de talentos; desenvolvimento gerencial – criatividade, liderança, tomada de decisão, técnicas de entrevista de pessoas e motivação; desenvolvimento técnico comercial – técnicas de vendas, *merchandising*, promoção e negociação; bem como avaliação por competências 360°.

"Na época, procurei na Internet uma ferramenta que pudesse apoiar meu trabalho na organização das informações que seriam *outputs* do processo", relembra o diretor da consultoria Paulo Roberto Menezes de Souza. Ele, na realidade, encontrou não apenas uma ferramenta, mas também uma metodologia intitulada "Inventário Comportamental para Mapeamentos de Competências", de autoria de Rogerio Leme, diretor da *AncoraRh Informática* – empresa especializada em *softwares* para Recursos Humanos.

Quando foi apresentado à metodologia, Souza percebeu que ela oferecia contribuições muito importantes. A primeira era que o sistema de análise e seus resultados absorviam menos subjetividade e que, sem dúvida alguma, era um processo mais democrático que permitia a todos os colaboradores, em todos os níveis, participar da estruturação e da definição das competências organizacionais e das funções. Durante 16 anos, o diretor da *Selling Out* costumava fazer o exercício para entendimento das competências de uma maneira diferente, ou seja, olhava para as atividades de cada função e interpretava os tipos de habilidades que seriam necessárias para realizar determinadas tarefas.

Segundo Rogerio Leme, a grande vantagem do Inventário Comportamental para Mapeamentos de Competências, além da facilidade e da rapidez para a implantação, é que a metodologia é comprovada matematicamente. "Quando dissermos, por exemplo, que o gerente de Marketing precisa ter flexibilidade nível

2,5, teremos como provar porque é 2,5 e não 3", explica o diretor da *AncoraRh Informática*.

Para se ter uma idéia, na metodologia convencional para mapeamento das competências, o trabalho gira em torno de 60 a 90 dias. Através do *software* disponibilizado pela *AncoraRh Informática*, o **GCA** – **G**estão de **C**ompetências **A**ncoraRh, em conjunto com a metodologia desenvolvida por Rogerio Leme, o tempo o diminuiu para uma ou duas semanas. "Inclusive o Inventário Comportamental para Mapeamento de Competências está registrado no livro da consultora Maria Odete Rabaglio, intitulado *Ferramentas de Avaliação de Performance com Foco em Competências*, da Editora Qualitymark", ressalta Leme.

Treinamento e vantagens – "É inviável trabalhar um modelo de gestão, de uma envergadura que envolva várias empresas, sem um apoio sistêmico, pois certamente muitas informações se perderão. Conseqüentemente, ações e medidas não serão implantadas pela dificuldade de se gerenciar o banco de dados, sem mencionar a necessidade de realização dos cruzamentos com um total entendimento e uma decisão de qualidade", destaca Paulo Roberto Menezes de Souza.

Apesar de ser uma novidade para a consultoria, o *software* logo se tornou uma ferramenta prática, uma vez que todo o treinamento foi realizado pela Internet, utilizando-se a tecnologia de comunicação de voz. Além dessa comodidade, o **GCA** também ofereceu outra grande vantagem: investimento altamente acessível para a consultoria e redução de custos para os clientes da própria *Selling Out*, uma vez que a implantação do processo, desde o mapeamento até à avaliação da Gestão por Competências, através do **GCA**, é extremamente rápida. "Foi graças a esses diferenciais, em conjunto com as competências da *Selling Out*, que essa experiência tornou-se um *case* de sucesso", conclui Rogerio Leme, diretor da *AncoraRh Informática*.

Matérias relacionadas disponíveis no site www.rh.com.br

- Avaliação de performance.
- RH e tecnologia: parceiros na Gestão por Competências.

- *Workshop*: competências ao alcance do RH e Gestores.
- Gestão por Competências na prática.
- Por que adotar a Gestão por Competências?.
- Competências: conquista para as Normas ISO.
- Chega ao mercado o *software* Gestão por Competências – R&S.
- Uma seleção baseada em competências.

ANEXO III

Cronograma de Implantação de Gestão por Competências através da Metodologia do Inventário Comportamental

Iremos apresentar um cronograma para a implantação de Gestão por Competências com base na Metodologia do Inventário Comportamental.

Para desenvolver o raciocínio dos números aqui apresentados, será fornecido um exemplo de uma empresa com cerca de *120 colaboradores* e aproximadamente *30 funções*. Porém, você terá condições de transportar a estimativa para qualquer porte de empresa.

Serão utilizados dois perfis de condutores das atividades, denominados **Profissional Experiente** e **Profissional Iniciante**. O **Profissional Experiente** deve ser um profissional que domine a metodologia e que tenha condições para coordenar um projeto dessa envergadura, inclusive capaz de apresentar resultados e conduzir reuniões com a direção da empresa.

Já o **Profissional Iniciante** pode ser um estagiário com boa desenvoltura, sem inibições e com capacidade para trabalhar com números. Não precisa ser especificamente da Área de Recursos Humanos ou da de Psicologia, pode ser até da área de Administração, ou mesmo um recém-formado.

Durante a explicação, certamente será possível compreender o perfil desses profissionais.

O cronograma aqui apresentado consiste nas etapas principais a seguir listadas.

- Mapeamento das Competências Organizacionais.

- Mapeamento das Competências de cada Função.
- Avaliação do nível de competências dos Colaboradores.
- Apresentação dos *Gaps* de Treinamento.

Claro que Gestão por Competências contempla outras etapas, a partir da Sensibilização, mas iremos considerar que a empresa está preparada e conscientizada para a implantação, inclusive com **MVVE – M**issão, **V**isão, **V**alores e **E**stratégia definidas, além da descrição das funções atualizadas.

Esse cronograma também traz a seqüência em linhas gerais e é necessária a análise da realidade de cada cliente e de cada situação. Isso porque existem fatores que podem, eventualmente, aumentar ou diminuir esse tempo, como, por exemplo, a própria familiaridade dos condutores com a metodologia. Assim, reafirmo que esse cronograma é uma boa sinalização, mas sua aplicação deve ser analisada com critério.

As etapas do cronograma são as descritas a seguir.

1. Identificação das Competências Organizacionais

    1.1. Escolha da amostra da população que irá responder o **Gosto/Não Gosto/o Ideal Seria**

    1.2. Aplicação da atividade do **Gosto/Não Gosto/O Ideal Seria**

    1.3. Consolidação

    1.4. Validação

2. Definição das Competências de cada Função

    2.1. Preparação do material para coleta da planilha de Mapeamento das Competências da Função

    2.2. Entrega das Planilhas de Mapeamento

    2.3. Apuração dos dados da Planilha de Mapeamento

3. Avaliação das Competências dos Colaboradores

    3.1. Preparação material para Coleta da Avaliação

    3.2. Conscientização de Avaliadores e Avaliados

    3.3. Apuração dos dados

4. Apresentação de *Gaps* de Treinamento

    4.1. Preparo dos Relatórios e dos Gráficos

    4.2. Elaboração do Relatório Conclusivo

    4.3. Apresentação da Conclusão e Entrega dos Relatórios

Especificando

Ao utilizar o termo Cliente nos quadros que fecham cada etapa, proceda da seguinte forma: a. se você for uma consultoria, compreenda uma ação em seu Cliente; b. se você for membro da equipe que está aplicando essas etapas internamente, compreenda como sendo o seu Cliente Interno e atue com a mesma posição de um consultor externo.

1.1. Escolha da amostra da população que irá responder o Gosto/Não Gosto/O Ideal Seria

Escolher os profissionais que irão auxiliar na identificação dos indicadores das competências não é difícil, mas é aconselhável um profissional experiente em função da experiência empresarial que ele deve ter, diferente de um profissional iniciante (Tabela 42).

Tabela 42 – Cronograma para implantação de Gestão por Competência

Profissional	Experiente
Tipo de Atividade	Reunião no Cliente
Tempo Estimado	4 horas

1.2. Aplicação da atividade do Gosto/Não Gosto/O Ideal Seria

Essa etapa é a condução da atividade do **Gosto/Não Gosto/O Ideal Seria**. O tempo necessário aqui dependerá do número de colaboradores que irão responder, da divisão deles em turmas de acordo com a estrutura de sala disponível, e, portanto, de quantas turmas serão montadas.

O tempo estimado é de uma hora por turma e a atividade pode ser conduzida por um profissional iniciante, desde que bem treinado.

Para a população da empresa estimada nesse cronograma, iremos considerar 60 colaboradores nessa etapa, o que é uma amostra quase que exagerada, pois significa 50% da população da empresa. No entanto, para efeito de custo, deve-se considerar a situação mais trabalhosa. Esses colaboradores serão divididos em até 5 turmas, o que também é um número alto em relação à quantidade de participantes dessa etapa (Tabela 43).

Tabela 43 – Cronograma para implantação de Gestão por Competência

Profissional	Iniciante
Tipo de Atividade	Reunião no Cliente
Tempo Estimado	5 horas

1.3. Consolidação

Essa é a etapa mais trabalhosa do processo, porém pode ser executada pelo profissional iniciante com supervisão e orientação do profissional experiente.

Assim, de forma muito bem dimensionada, iremos considerar os dados da tabela abaixo.

Tabela 44 – Cronograma para implantação de Gestão por Competência

Profissional	Iniciante	Experiente
Tipo de Atividade	Interna	Interna
Tempo Estimado	24 horas	16 horas

1.4. Validação

A validação deve ser conduzida exclusivamente pelo profissional experiente (Tabela 45).

Tabela 45 – Cronograma para implantação de Gestão por Competência

Profissional	Experiente
Tipo de Atividade	Reunião no Cliente
Tempo Estimado	4 horas

2.1. Preparação do material para coleta da planilha de Mapeamento das Competências da Função

Nessa etapa, é necessário preparar a lista para o mapeamento das competências de cada função que será respondida pelo superior da função (Tabela 46).

Tabela 46 – Cronograma para implantação de Gestão por Competência

Profissional	Iniciante
Tipo de Atividade	Reunião no Cliente
Tempo Estimado	2 horas

2.2. Entrega das Planilhas de Mapeamento

Ao entregar a planilha para que os superiores da função marquem os indicadores necessários para a função, é aconselhável uma breve conscientização e orientação para o preenchimento, que leva cerca de 15 minutos apenas. Assim, o tempo estimado para essa tarefa proporcionará montar até oito turmas dessas reuniões (Tabela 47).

Tabela 47 – Cronograma para implantação de Gestão por Competência

Profissional	Iniciante
Tipo de Atividade	Reunião no Cliente
Tempo Estimado	2 horas

2.3. Apuração dos dados da Planilha de Mapeamento

A partir desta etapa, ter um sistema informatizado auxilia e agiliza em muito o processo. Para mostrar essa diferença, vamos estimar o tempo sem e com o apoio de um sistema (Tabela 48).

Tabela 48 – Cronograma para implantação de Gestão por Competência

	Com Sistema	Sem Sistema
Profissional	Iniciante	Iniciante
Tipo de Atividade	Interno	Interno
Tempo Estimado	4 horas	16 horas

3.1. Preparação do material para Coleta da Avaliação

Aqui, devem ser preparadas as avaliações, ou seja, quem serão os avaliadores de cada colaborador. Claro que o tempo dedicado nessa etapa depende do tipo de avaliação, mas estimamos uma avaliação com uma média de seis avaliadores para cada colaborador avaliado (Tabela 49).

Tabela 49 – Cronograma para implantação de Gestão por Competência

	Com Sistema	Sem Sistema
Profissional	Iniciante	Iniciante
Tipo de Atividade	Interno	Interno
Tempo Estimado	6 horas	12 horas

3.2. Conscientização de Avaliadores e Avaliados

Essa etapa também depende do número de colaboradores em relação à estrutura de salas disponíveis. A conscientização é uma reunião rápida, de cerca de 30 minutos. Estimamos de forma muito bem dimensionada até dez turmas (Tabela 50).

Tabela 50 – Cronograma para implantação de Gestão por Competência

Profissional	Iniciante
Tipo de Atividade	Reunião no Cliente
Tempo Estimado	5 horas

3.3. Apuração dos dados

Novamente, uma etapa onde a utilização de um sistema informatizado torna a apuração muito mais rápida. Mas aqui entra outro fator: o formato do recebimento das avaliações. Mesmo com um sistema de apoio, a empresa pode fazer a opção por uso de formulários de papel em vez da coleta eletrônica. Então, daremos previsões em ambas as situações (Tabela 51).

Tabela 51 – Cronograma para implantação de Gestão por Competência

	Com Sistema		Sem Sistema
	Coleta Eletrônica	Coleta Manual	
Profissional	Iniciante	Iniciante	Iniciante
Tipo de Atividade	Interno	Interno	Interno
Tempo Estimado	2 horas	24 horas	80 horas

4.1. Preparo dos Relatórios e dos Gráficos

Aqui, devem ser preparados os relatórios ou os gráficos que apresentam os *gaps* de treinamento, com ou sem sistema (Tabela 52).

Tabela 52 – Cronograma para implantação de Gestão por Competência

	Com Sistema	Sem Sistema
Profissional:	Iniciante	Iniciante
Tipo de Atividade:	Interno	Interno
Tempo Estimado:	4 horas	24 horas

4.2. Elaboração do Relatório Conclusivo

Após apurados os dados e visualizados os *gaps*, é interessante uma apresentação para a direção da empresa e para a equipe que está à frente do projeto (Tabela 53).

Tabela 53 – Cronograma para implantação de Gestão por Competência

Profissional	Experiente
Tipo de Atividade	Reunião no Cliente
Tempo Estimado	16 horas

4.3. Apresentação da Conclusão e Entrega dos Relatórios

Finalmente a apresentação dos resultados (Tabela 54).

Tabela 54 – Cronograma para implantação de Gestão por Competência

Profissional	Experiente
Tipo de Atividade	Reunião no Cliente
Tempo Estimado	4 horas

Veja a Tabela 55 (de resumo) das etapas do cronograma.

Tabela 55 – Cronograma para implantação de Gestão por Competência

Etapa ⇓	Apoio de Sistema ⇒	Indiferente	Sim	Sim	Não
	Etapa Tipo Coleta⇒	Indiferente	Eletrônica	Papel	Papel
	Profissional ⇒	Experiente	Iniciante	Iniciante	Iniciante
1.1. Escolher amostras		4	0	0	0
1.2. Gosto/Não Gosto/Ideal		0	5	5	5
1.3. Consolidação		16	24	24	24
1.4. Validação		4	0	0	0
2.1. Preparo Coleta Função		0	2	2	2
2.2. Conscientização		0	2	2	2
2.3. Apurar função		0	4	4	16
3.1. Preparo Coleta Avaliação		0	6	6	12
3.2. Conscientização Avaliação		0	5	5	5
3.3. Apuração Avaliação		0	2	24	80
4.1. Preparo Gráficos		0	4	4	24
4.2. Preparação Relatório		16	0	0	0
4.3. Apresentação Conclusão		4	0	0	0
Total de Tempo		44	54	76	170

O custo do tempo necessário depende basicamente de três fatores:

- da quantidade de colaboradores eleitos na etapa 1.1 do processo de identificação das competências organizacionais por gerar maior número de planilhas na consolidação (etapa 1.3);

- da quantidade de funções da organização em função da etapa 2.3;

- do tipo de avaliação a ser aplicada em função da quantidade de avaliadores e avaliados gerados na etapa 3.1, que aumentam o tempo de consolidação e preparo dos gráficos, respectivamente as etapas 3.3 e 4.1, principalmente se não houver apoio de sistema e se a coleta das avaliações for em papel.

Em resumo, não é possível aplicar uma regra de três para levar esse exemplo a empresas de porte maior. Devem ser analisados um cronograma e os dados aqui apresentados.

O interessante é que o maior investimento, que é o custo do profissional experiente, não sofre muita alteração, mesmo para um grande número de colaboradores avaliados e avaliadores, ainda mais com o apoio de um sistema.

São esses fatores que proporcionam a economia da empresa nessa etapa de mensuração. O valor economizado aqui, certamente, poderá ser revertido nos treinamentos para desenvolvimento e correção de *gaps*.

Se você for um consultor, lembre-se de que pode oferecer uma série de serviços complementares ao seu cliente para a Implantação de Gestão por Competências, como:

- *feedback* da avaliação;
- *coaching* com foco em competências;
- plano de ação de desenvolvimento de colaboradores;
- treinamentos;
- definição de MVVE;
- descrição das funções;
- pesquisa de clima organizacional.

ANEXO IV

O Inventário Técnico para Mapeamento de Competências

O objetivo desse anexo é dar uma sugestão de como mensurar Competências Técnicas, pois é comum encontrar definições genéricas e subjetivas.

O princípio é utilizar a mesma metodologia aplicada para o Inventário Comportamental para Mapeamento de Competências. Justamente por isso, não iremos descrever aqui toda a explicação já feita no Inventário Comportamental, faremos apenas uma comparação, utilizando alguns exemplos (Tabela 56).

Como o princípio é o mesmo, então chamaremos a metodologia de **Inventário Técnico para Mapeamento de Competências**.

Tabela 56 – Comparação das Metodologias Comportamental × Técnica

Inventário Comportamental	Inventário Técnico
• É uma lista de Indicadores de Competências (comportamentais) que traduz a conduta do Comportamento Ideal desejado e necessário para que a Organização possa agir alinhada ao MVVE.	• É uma lista de Indicadores de Competências (técnicas) que traduz as habilidades ideais e os conhecimentos necessários para que possa se atingir o MVVE.
• Exemplos de competências comportamentais: Liderança, Flexibilidade, Foco em Resultado.	• Exemplo de competências técnicas: Inglês, Editor de Texto (Word), Planilha Eletrônica (Excel).

(continua)

Tabela 56 – Comparação das Metodologias Comportamental × Técnica (*continuação*)

Inventário Comportamental	Inventário Técnico
• Cada Competência tem seus indicadores.	• Cada competência tem seus indicadores.
• Exemplo de indicadores de uma Competência Comportamental: Criatividade: 1. criar estratégias que conquistem o cliente; 2. trazer idéias para desenvolver os produtos já existentes; 3. trazer soluções criativas para os problemas que parecem difíceis de resolver; 4. apresentar alternativas para melhor aproveitar os recursos orçamentários.	• Exemplo de indicadores de uma Competência Técnica: Planilha Eletrônica (para cada indicador leia: é necessário saber, conhecer ou utilizar): 1. operações básicas; 2. funções financeiras; 3. macros básicas; 4. macros avançadas; 5. construção de formulários; 6. importação de dados; 7. exportação de dados.
• Cada Competência Comportamental possui um determinado número de indicadores, o que permite o Cálculo do Peso do Indicador.	• Cada Competência Técnica possui um determinado número de indicadores, o que permite o Cálculo do Peso do Indicador.
• Emitindo uma lista de todos os indicadores para o superior da função, ele identifica quais indicadores são necessários para a função. Essa lista não precisa ter a competência destacada para cada grupo de indicador.	• Emitindo uma lista de todos os indicadores para o superior da função, ele identifica quais indicadores são necessários para a função. Essa lista *precisa, obrigatoriamente*, ter a competência destacada para cada grupo de indicador.
• Sabendo os indicadores necessários para a função, é possível calcular o NCF comportamental para cada função.	• Sabendo os indicadores necessários para a função, é possível calcular o NCF técnico para cada função.
• Para mensurar o NCC comportamental, utiliza-se o processo de avaliação.	• Para mensurar o NCC técnico, utiliza-se o processo de avaliação.
• Com a avaliação, é possível calcular o NCCo e NCCf comportamental.	• Com a avaliação, é possível calcular o NCCo e NCCf técnico.
• Pode-se utilizar a técnica de Importância do Indicador de Competência, descrita no Anexo I.	• Pode-se utilizar a técnica de Importância do Indicador de Competência, descrita no Anexo I.

Percebe-se que as metodologias diferem entre si. E essa diferença consiste, basicamente, no seguinte: na parte comportamental, houve a atividade da construção do Inventário Comportamental através de amostras dos colaboradores de cada função e a aplicação da atividade do **Gosto/Não Gosto/O Ideal Seria**. Já na parte técnica, é necessário um levantamento junto ao superior de cada função e, de preferência, em conjunto com colaboradores "modelos" de cada função para levantar os conhecimentos e as habilidades necessárias.

No mais, a parte matemática do processo é exatamente a mesma, é só aplicar.

ANEXO V

Como Definir MVVE
Missão, Visão, Valores, Estratégia

Caso sua empresa não tenha definido Missão, Visão, Valores e Estratégia, apresentaremos uma introdução para auxiliar o entendimento e a importância da construção e da definição do **MVVE** da empresa.

Antes, é preciso entender o que significa cada uma dessas palavras. Passemos, então, à definição dessas expressões.

- **Missão:** uma frase não muito extensa que deve expressar com clareza para que a empresa existe, o que ela faz e qual é o seu diferencial como instituição.

- **Visão:** uma frase não muito extensa que deve expressar com clareza como a empresa estará em alguns anos, como será vista, que lugar estará ocupando no mercado.

- **Valores:** uma frase ou tópicos de qualidades que devem expressar os princípios morais/éticos em que a empresa acredita e dos quais faz uso.

- **Estratégia:** o plano de ação empresarial que determinará os caminhos e servirá como uma bússola, para que a empresa cumpra sua Missão e atinja sua Visão, sempre dentro dos seus Valores.

É por isso que ao implantar Gestão por Competências é fundamental que a empresa tenha o **MVVE** definido; afinal, como visto durante a explicação da Metodologia, em vários momentos é preciso checar se o caminho que está sendo construído está correto.

A tarefa de construção do **MVVE** está dividida em duas etapas básicas principais:

- definir o **MVV** de Missão, Visão e Valores;
- definir o **E** da Estratégia.

A forma de definir **MVV** é através de reuniões de reflexão das atividades e da vida da Organização, tanto o passado, quanto o presente e o futuro. Além disso, devem participar dessas reuniões os acionistas da empresa junto com um comitê estratégico de diretores, gerentes e colaboradores especiais que possam contribuir, cada um à sua maneira, através da forma como vê a empresa.

No presente, deve-se canalisar a situação atual da empresa, clientes, faturamento, posição no mercado, participação no mercado, concorrentes mais fortes, concorrentes mais fracos, enfim, todo o panorama atual da organização.

Olhando para o passado, deve-se refletir sobre os erros e os acertos ocorridos nos últimos anos, as grandes conquistas, o que não foi conquistado, o que aconteceu de bom ou de ruim, os clientes conquistados e os que deixaram de utilizar produtos e serviços, a participação no mercado nos anos anteriores, o crescimento... Enfim, deve-se focar a atenção em todos os indicadores (mais uma vez os indicadores) que possam ajudar em uma reflexão.

De olho no futuro, deve-se analisar cada uma das situações do passado, comparando-as com a situação presente e, principalmente, focando como queremos que a empresa esteja em cada um desses indicadores daqui a cinco anos, por exemplo.

Claro que não é possível prever o amanhã ou o próximo segundo, e fazer isso, então, para os próximos cinco anos é um sonho de louco. No entanto, não estamos aqui para prever o futuro, mas sim para traçarmos uma meta de onde queremos que a empresa esteja nesse período de tempo previamente estipulado.

De cada ponto refletido devem ser anotados os indicadores e com base nesses indicadores deve ser construída uma frase, simples, objetiva, que expresse a Missão e outra para a Visão da empresa.

Com o mesmo auxílio dos indicadores e dessa reflexão, devem ser identificados os Valores da empresa.

Uma forma de auxiliar na construção do **MVV** é analisar o **MVV** de empresas concorrentes ou de produtos e serviços similares. Mas isso serve apenas como uma referência, afinal cada empresa possui um objetivo diferente. Ainda que a empresa consultada seja do mesmo seguimento que o seu, são empresas distintas.

Após ter definido o **MVV**, deve-se perguntar: "Como vamos cumprir a nossa Missão e Visão utilizando nossos Valores?". A base dessa resposta é a Estratégia da empresa. É como aquele plano de ação feito para o colaborador para que ele possa desenvolver competências. No entanto, aqui o objetivo é um plano de ação empresarial para atingir e fazer cumprir o **MVV**.

Definir o **MVVE** é uma tarefa na qual se recomenda o auxílio de uma consultoria externa. A intenção não é que ela faça a definição por você, mas sim para que facilite a condução da reflexão e mostre caminhos para que a própria empresa enxergue o **MVVE**.

ANEXO VI

Um *Software* que Trata Competências na Prática, o GCA

Em alguns momentos no decorrer deste livro, citei a importância da utilização de um *software* para auxiliar na implantação de Gestão por Competências. Na realidade, minha área de origem é a informática e, com o passar dos anos, especializei-me desenvolvendo *softwares* para a área de Recursos Humanos.

Como existem várias ferramentas ou *softwares* no mercado, mas que na realidade não fazem Gestão por Competências em sua essência, quero deixar como referência aquele que deu origem a este livro, o **GCA** – **G**estão de **C**ompetências **A**ncoraRh, que possui os seguintes módulos:

- Mapeamento de Competências.
- Avaliação com Foco em Competências.
- Treinamento e Desenvolvimento com Foco em Competências.
- Seleção por Competências.
- Avaliação de Desempenho com Foco em Competências.
- Pesquisa de Clima Organizacional.

Caso queira conhecer o princípio básico de uma ferramenta realmente com foco para competências visite o site:

- www.AncoraRh.com.br.

Outros Livros do Autor

Avaliação de Desempenho com Foco em Competência – A base para a Remuneração por Competências

Este livro apresenta uma ampliação do conceito de competência que vai além do tradicional CHA (Conhecimento, Habilidade, Atitude), visualizando o que o colaborador efetivamente entrega para a organização. É o conceito de Entrega.

Esse conceito é fundamental para que as empresas tenham argumentos precisos para avaliar o Desempenho do Colaborador, mas não como no método tradicional de avaliação de desempenho, e sim a Avaliação de Desempenho com Foco em Competências.

Após diversos estudos e pesquisas, foi observada a escassez de literatura que apresente de forma clara, prática e objetiva como efetivamente implantar a Remuneração por Competências. Há, sim, muitas literaturas, mas elas não detalham como fazer e, principalmente, a possibilidade de aplicação coerente com a estrutura das empresas; a "Avaliação de Desempenho com Foco em Competência" vem suprir essa lacuna.

O objetivo desta obra é apresentar de forma didática e prática a construção de ferramentas de avaliação que, juntas, irão compor o Coeficiente de Desempenho do Colaborador, que retrata a sua entrega à organização, de forma alinhada ao conceito de ampliação do CHA das competências. Este é uma referência comprovada para a Remuneração com Foco em Competências.

Por meio de uma linguagem simples, esta obra atende ao interesse e às necessidades de Gestores de todos os portes da empresa, sem exceção. Serve, também, como referência para nível acadêmico.

Seleção e Entrevista por Competências com o Inventário Comportamental – Guia Prático do Processo Seletivo para a redução da subjetividade e da eficácia na Seleção

Seleção e Entrevista por Competências com o Inventário Comportamental é um guia prático para os profissionais ou para as empresas que já atuam ou possuam recrutamento e seleção e queiram aprimorar-se, assim como para Gestores de Pessoas, profissionais iniciantes ou empresas que queiram implantar essa Ferramenta. Também é recomendado para estudantes e professores para servir como referencial e suplemento didático.

A Metodologia apresentada propõe uma ampliação do conceito de Competências, indo além do CHA (Conhecimentos, Habilidades, Atitudes), trazendo a identificação no candidato de Competências Técnicas e Comportamentais, Resultados, grau de Complexidade e ainda com Valores, identificando a compatibilidade entre o candidato, o perfil da vaga e a Cultura Organizacional.

Feedback para Resultados na Gestão por Competências pela Avaliação 360° – Guia Prático para Gestores do "Dar e Receber" *Feedback* e a Transformação em Resultados

Feedback para Resultados é um guia prático para a implantação da ferramenta de Avaliação Comportamental através da Avaliação 360° e do preparo de Gestores de como "dar e receber" *feedbacks* de forma a promover a transformação de equipes para o alcance dos resultados organizacionais.

Através de uma linguagem clara e direta, este livro contribui para a atualização de instrumentos importantes do RH e sua adaptação à realidade e à exigência do mercado globalizado em que vivemos.

Feedback para Resultados é recomendado para Gestores, RH, professores e estudantes de diversas áreas, dentre elas Recursos Humanos e Administração, enfim, para todos os profissionais que lideram equipes e precisam promover a transformação de resultados nas organizações.

Encerramento

Espero ter conseguido transmitir com eficiência ao leitor toda a Metodologia do Inventário Comportamental para Mapeamento de Competências.

Como disse no decorrer do livro, fazer Gestão por Competências é trabalhoso sim, mas não significa que seja caro e você pode fazer isso em sua empresa. É só começar.

Todos os conceitos aqui apresentados passaram por críticas de vários consultores, autores de livros, clientes e amigos. Realmente, é uma ferramenta prática e funcional.

Mas se você tiver alguma dúvida ou comentário a fazer, ficarei muito contente em poder compartilhar essas informações com você ou ouvir seus comentários. Envie-me um e-mail:

Rogerio@AncoraRh.com.br

Se quiser conhecer os treinamentos na área de Gestão por Competência, RH e Estratégia Empresarial, ou os *softwares* e serviços da AncoraRh e Leme, acesse o site:

www.AcoraRh.com.br

Sucesso na Gestão de Pessoas com Foco em Competências!

Rogerio Leme

Bibliografia

- BENI, Bettyna P.B. Gau/Lucheti, Wilson David/Poerner, Marcos. *Avaliação dos Resultados em Treinamento Comportamental*. Rio de Janeiro: Qualitymark Editora. 2002.
- CAMPOS, José Antônio. *Cenário Balanceado – Balanced Scorecard*. Editora Aquariana. 1998.
- CHIAVENATO, Idalberto. *Treinamento e Desenvolvimento de Recursos Humanos*. São Paulo: Editora Atlas. 1999.
- DUTRA, Joel Souza. *Gestão por Competências* Rio de Janeiro: Editora Gente. 2001.
- FALCÃO, Paula. *Criação e Adaptação de Jogos em T&D*. Rio de Janeiro: Qualitymark Editora. 2003.
- GRAMIGNA, Maria Rita Miranda. *Modelo de Competências e Gestão dos Talentos.* Rio de Janeiro: Editora Makron. 2002.
- KAPLAN, Robert S. e Norton David P. *A Estratégia em Ação – Balanced Scorecard.* Rio de Janeiro: Editora Campus. 1997.
- RABAGLIO, Maria Odete. *Ferramentas de Avaliação de Performance com Foco em Competências*. Rio de Janeiro: Qualitymark Editora. 2004.
- RABAGLIO, Maria Odete. *Seleção por Competências*. São Paulo: Editora Educator. 2001.

- REIS, Germano Glufke. *Avaliação 360 Graus – Um Instrumento de Desenvolvimento Gerencial.* São Paulo: Editora Atlas. 2000.
- RESENDE, Enio. *Remuneração e Carreira Baseada em Competências e Habilidades.* Rio de Janeiro: Qualitymark Editora. 1999.
- ROCHA, Eduardo Peixoto. *Feedback 360 – Uma Ferramenta para o Desenvolvimento Pessoal e Profissional.* Editora Alínea. 2001.
- SCHAAN, Maria Helena. *Avaliação Sistemática de Treinamento.* São Paulo: Editora LTR. 2001.
- VILA, Magda e Falcão, Paula. *Focalização de Jogos em T&D.* Rio de Janeiro: Qualitymark Editora. 2002.
- VILA, Magda e Santander, Marli. *Jogos Cooperativos no Processo de Aprendizagem Acelerada.* Qualitymark Editora. 2003.

Avaliação de Desempenho com foco em Competência

A Base para Remuneração por Competência

Autor: Rogerio Leme
Nº de páginas: 136
Formato: 16 x 23 cm

A obra apresenta uma ampliação do conceito de competência que vai além do tradicional CHA – Conhecimento, Habilidade, Atitude, visualizando o que o colaborador efetivamente entrega para a organização. "Avaliação de Desempenho com Foco em Competências" mostra que as técnicas utilizadas para fazer Gestão de Pessoas também precisam ser atualizadas e condizentes com as necessidades da empresa.

O autor consegue descrever processos complexos através de uma metodologia clara, sistemática e funcional. É firme na missão de propor novos caminhos para gestão de pessoas. Rogerio utiliza uma metodologia diferenciada e inovadora, que contribuirá de forma significativa para a melhoria dos resultados de todas as empresas que vierem a utilizá-la. A obra apresenta linguagem simples e atende aos interesses e necessidades de Gestores de todos os portes, servindo também como referência para nível acadêmico.

FEEDBACK

Para Resultados na Gestão por
Competências pela Avaliação 360º
– *Guia Prático para Gestores do "Dar e Receber"*

O livro trabalha a forma da avaliação e de como dar *feedback* de forma a promover a transformação de equipes para o alcance dos resultados organizacionais – e não como uma ação burocrática apenas. FEEDBACK é recomendado para gestores, RH, professores e estudantes de diversas áreas, dentre elas Recursos Humanos e Administração, enfim, a todos os profissionais que lideram equipes e precisam promover a transformação de resultados nas organizações.

Autor: Rogerio Leme
Nº de páginas:160
Formato:16 x 23cm

Autor: Rogerio Leme
Nº de páginas: 176
Formato: 16 X 23cm

SELEÇÃO E ENTREVISTA POR COMPETÊNCIAS

Com o Inventário Comportamental

A metodologia apresentada propõe uma ampliação do conceito de Competências, indo além do CHA – Conhecimentos, Habilidades, Atitudes – fazendo o levantamento das Competências Técnicas e Comportamentais do candidato, dos resultados alcançados e grau de complexidade das responsabilidades que executou, além da identificação dos valores do candidato, comparando com os valores organizacionais. Essas ações permitem a análise da compatibilidade entre candidato, perfil da vaga e cultura organizacional.

O livro é um guia prático para os profissionais ou empresas que já atuam ou possuam recrutamento e seleção e queiram aprimorar-se, assim como para Gestores de Pessoas, profissionais iniciantes ou empresas que queiram implantar essa ferramenta. Também é recomendado para estudantes e professores como referencial e suplemento didático.

QUALITYMARK EDITORA

Entre em sintonia com o mundo

QualityPhone:

0800-0263311

Ligação gratuita

Qualitymark Editora
Rua Teixeira Júnior, 441 – São Cristóvão
20921-405 – Rio de Janeiro – RJ
Tel.: (21) 3295-9800
Fax: (21) 3295-9824
www.qualitymark.com.br
e-mail: quality@qualitymark.com.br

Dados Técnicos:

• Formato:	16 x 23 cm
• Mancha:	12 x 19 cm
• Fonte:	Bookman Old Style
• Corpo:	11
• Entrelinha:	13
• Total de Páginas:	224
• 4ª Reimpressão (2ª Ed.):	2015
• Impressão	Grupo SmartPrinter